대한민국 창업자를 위한 **외식업 컨설팅**

대한민국 창업자를 위한
외식업 컨설팅

초판 인쇄 2015년 7월 7일
초판 발행 2015년 7월 14일

지은이 이준혁
펴낸이 김광열
펴낸곳 (주)스타리치북스

책임편집 이혜숙
출판진행 한수지 · 안미성
본문교정 정은경
본문삽화 이만약
편집디자인 권대홍 · 조인경
경영지원 공잔듸 · 권다혜 · 김문숙 · 김지혜 · 김충모 · 문성연
　　　　　　민경훈 · 박정은 · 손연주 · 신자은 · 유다윤 · 이광수
　　　　　　이지혜 · 정은희 · 한정록 · 황경옥

등록 2013년 6월 12일 제2013-000172호
주소 서울시 강남구 강남대로62길 3 한진빌딩 3~8층
전화 02-2051-8477

스타리치북스 페이스북 www.facebook.com/starrichbooks
스타리치북스 블로그 blog.naver.com/books_han
스타리치 잉글리시 www.starrichenglish.co.kr
스타리치몰 www.starrichmall.co.kr
홈페이지 www.starrich.co.kr

값 18,000원
ISBN 979-11-85982-12-0 13320

대한민국 창업자를 위한

외식업 컨설팅

희망창업연구소 **이준혁 박사**

| 프롤로그 |

대한민국에서 식당을 창업해 성공한다는 것은 무모한 일이다. TV만 틀면 대박집이 연일 방영되고 프랜차이즈 업체마다 유명 연예인을 내세워 문만 열면 고객이 밀려올 것처럼 선전하고 있지만 창업과 폐업의 데이터를 보면 성공 확률은 10%도 되지 않는다.

필자도 몇 권의 창업서적을 출간한 적이 있고, 〈중앙일보〉에 '이준혁의 창업길라잡이'라는 칼럼을 쓰면서 주로 성공에 초점을 맞추었지만 지금은 성공보다는 실패하지 않는 노하우를 알리는 데 주력하고 있다.

사업자 등록을 하고 문을 여는 식당이 60만 개가 넘어 경제활동 인구 대비 식당 수가 인구 60명당 1개인 우리의 현실을 외식 천국인 일본의 270명당 1개, 미국의 490명당 1개에 비추어보면 왜 창업 후 성공할 확률이 거의 제로에 가까운지 알 수 있다. 1년에 19만 8,000개의 식당이 새롭게 문을 열고 18만 7,000개가 문을 닫는다. 식당 창업 후 3년 이내에 폐점하는 식당이 80%를 넘어서고, 5년이 넘으면 거의 90% 이상이 폐업한다. 다시 말해 대한민국에서 식당을 창업한다는 것은 창업 순간부터

100% 폐업을 준비해야 한다는 의미이다.

필자는 30여 년간 오직 외식업 한길만 걸어왔다. 현대, 삼성그룹 등 대기업 외식사업팀을 이끌며 300여 점포 이상을 경영, 기획하였고, 독립 점포뿐 아니라 프랜차이즈 컨설팅 법인도 설립하여 무수히 많은 점포를 진단하고 자문도 해주었다. 또한 대학에서 외식경영론을 수년간 강의했으며, 창업 관련 논문이나 전문서적도 출간하여 어떻게 하면 성공할 수 있을까 방법을 찾으려고 수많은 노력을 기울였다.

그럼에도 불구하고 '식당 창업은 절대로 해서는 안 된다'는 결론을 얻은 것이다. 누구보다 외식업을 사랑하고, 누구보다 외식업에 뛰어들어 좌절하는 분들의 고통에 함께 공감하며 이분들을 조금이나마 구제하고 싶은 절박한 심정으로 《대한민국 창업자를 위한 외식업 컨설팅》이라는 책을 출간하게 되었다.

부득이한 사정으로 창업을 생각하고 있거나 현재 경영하고 있는 분들을 위해 대박식당을 창출하기보다 폐업의 리스크를 줄여드리는 것에 초점을 맞추었다. 어떤 업종을 선택해야 하고, 어떤 전략으로 출점 단계부터 계획을 수립해야 하며, 어떤 변수를 예측하여 더 상황이 악화되기 전에 대비해야 하는지, 또한 어떤 자세로 식당 경영에 임해야 하는지 지난 30여 년간의 경험을 토대로 하나하나 방법을 제시하고 싶었다.

이 책을 읽고 창업을 희망하는 분들이나 폐업 위기에 처한 점주 분들이 새로운 희망을 얻고 다시 재기의 길을 걸을 수 있다면 묵묵히 한길만 걸어온 보람이 있을 것 같다.

Contents

프롤로그   004

part 1 창업 준비

1. 성공 창업을 위한 공식   013
2. 슬로 창업을 해라   016
3. 프랜차이즈 창업이 그나마 유리하다   019
4. 주식보다 위험한 게 식당 창업이다   022
5. 우연한 성공은 없다   025

실전 창업 Tip   식당 창업하기   028
실전 컨설팅   준비 없이 시작한 치킨전문점의 실패   033

part 2 업종 선정

1. 외식업의 특성이란?   039
2. 브랜드 명성에 현혹되지 마라   043
3. 폐업 리스크를 줄이는 체크리스트   046
4. 사업 타당성 분석에 의한 창업   050

실전 창업 Tip   상권에 맞는 업종 선택   053
실전 컨설팅   업종 변경에 실패해 하루 10만 원 매출   055

part 3 입지 선정

1. 명당을 찾아라	061
2. 명당이란 어떤 곳일까?	064
3. 누구와 경쟁하게 되나?	067
4. 상권 조사는 어떻게 해야 하나?	069
실전 창업 Tip 식당 타입별 주요 입지와 외관	074
실전 컨설팅 지하 매장, 입지의 불리함 극복이 관건	077

part 4 인테리어

1. 운영 콘셉트와 이미지를 차별화하자	083
2. 작은 매장 인테리어	089
3. 매장의 모든 것 '간판' 전략	093
4. 서비스 형태에 따른 레이아웃 특성	096
5. 분위기와 테이블 세팅	099
6. 분위기를 배가시키는 음악과 조명	108
7. 백사이드 레이아웃	112
실전 창업 Tip 주방 작업 환경	117
실전 컨설팅 오리전문점이야? 분식집이야?	119

part 5 마케팅

1. 퍼주면 흥한다	125
2. 음식업은 레저업이다	128
3. 음식점을 평생직장으로	131
4. 적을 알아야 이길 수 있다	134
5. 매출을 올리는 데 실패하는 경우	137
6. 원가를 컨트롤하는 데 실패하는 이유	141
7. 관리적으로 사고하라	144
8. 숫자감각을 익혀라	148
9. 서비스 정신이 투철해야 한다	155
실전 창업 Tip 매출목표 수립	166
실전 컨설팅 점심에만 편중된 매출, 무엇을 바꿔야 할까?	170

part 6 종업원 관리

1. 관리하지 말고 리드하라	177
2. 식당 경영자의 성공 포인트	180
3. 전체를 보는 안목을 가져라	184
4. 일하고 싶은 기분을 갖게 하라	187
5. 종업원을 이런 사람으로 만들어라	191
실전 창업 Tip 인건비 관리	197
실전 컨설팅 디자이너 출신 창업자의 300평 규모 구이전문점 실패기	199

part 7 상품 관리

1. 메뉴를 경영하자   205
2. 메뉴 계획 프로세스   213
3. 표준원가율을 정하자   221
4. 재료비와 인건비 관리 방법   224
5. 차별화된 상품성이 중요하다   229
6. 경비를 줄이는 방법   235
7. 외식업의 성공을 좌우하는 QSC   243

실전 창업 Tip 메뉴 가격 결정   247
실전 컨설팅 많이 팔아도 낮은 수익률로 고민하는 고깃집   250

PART 1
창업 준비

큰돈을 버는 수단으로 식당업을 바라보는 것이 아니라
외식업을 즐기면서 고객과 함께 성장한다는 생각으로
쌍방향 의사소통을 하면서 장기적인 레이스를 펼쳐야 한다.

창업 준비
01

성공 창업을 위한 공식

　1980년대 이전엔 식당이 많지 않았다. 패밀리 레스토랑, 이탈리안 레스토랑, 멕시코 요리 전문식당은 고사하고 흔하디흔한 패스트푸드점 하나도 없었다. 한식이 중심인 업종이 대부분이었는데 불고기전문점, 돼지갈비집, 막걸리집, 국밥집 정도가 존재했고 입학식이나 졸업식 날 큰마음 먹고 가는 청요리집이 몇 군데 있을 뿐이었다. 따라서 '식당 하면 입에 풀칠은 한다'라는 말이 통했고, 식당업을 다소 천한 일이라 여겨 식당 자체가 많지 않다 보니 경쟁이 치열하지도 않았다.
　그러나 지금은 세계에서 인구수 대비 식당 수가 가장 많을 뿐 아니라 업종도 다양해 여기가 한국인지 미국인지 모를 정도로 양과 질 모두 엄청난 발전을 하였다. 고용도 불안정하여 45세만 넘으면 직장에서 명예퇴직을 당하고, 청년들은 직장을 못 구해 거리에서 방황하고 있다. 또

1980년대 이전만 해도 흔치 않았던 패스트푸드점과 전문 프랜차이즈 음식점을 요즘은 중소도시 어디에서나 볼 수 있다. 숫자가 많고 경쟁이 치열하다 보니 성공의 비율은 점차 줄어들고 있는 게 현실이다.

한 주부들은 너도나도 부업거리를 찾아 헤매고, 은퇴한 자식에게 짐이 되기 싫은 은퇴한 장년층도 창업설명회를 기웃거리는 현실이 되었다.

들은 소리는 있어 누구보다 꼼꼼하게 창업 업종을 검토하고, 전문서적을 사서 읽고, 프랜차이즈 본사란 본사는 전부 찾아다니며 설명회에 참석도 해본다. 발품을 팔아야 좋은 매장을 보는 안목도 늘고, 싸고 저렴한 매장을 찾는다며 처절하리만큼 많은 점포를 찾아다니기도 한다. 그렇게 해서 이제는 누가 뭐래도 성공할 수 있다는 확신을 갖고 창업을 하지만, 공식을 모르고 기울인 노력은 성공의 결실을 주지 않는다. 마치 도달해야 할 목표를 모른 채 잘못된 좌표를 보고 그저 열심히 걸었는

데, 도착해보니 출발점보다 한참을 더 뒤에 서 있는 자신을 발견한 격이다.

　식당업을 포함해 사람의 감성을 움직여야 하는 서비스업은 성공하는 공식이 따로 있다. 평생을 식당업이 아닌 경리, 회계, 총무, 인사, 기획, 생산 등 업무에 종사한 사람이 10%의 창업자만 성공하는 시장에서 살아남는 공식을 안다는 것은 불가능하다. 공식을 모르는데 기대치는 높아서 오픈도 하기 전에 대박의 꿈을 꾼다. '매출-비용=이익'의 공식으로는 절대로 성공할 수 없다. '이익=매출-비용'의 공식과 전자의 공식은 순서만 바꾼 것 같지만 엄청난 차이가 있다.

　전자의 '이익'은 매출이 오르지 않을 때에는 무용지물이 되고 통제할 수 없는 이익이 되지만, 후자의 '이익'은 창업 전 철저히 예상할 수 있는 최소한의 창조적 이익이자 예측 가능한 시나리오에 근거한 생존을 위한 절대적 이익이다. 절대적 이익을 먼저 산출하고, 그 이익에 도달할 수 있는 매출과 비용에 가장 보수적인 수치를 대입해서 이익이 나올 수 없는 구조라면 창업을 시도하면 안 된다. 비용에는 임대료, 관리비, 감가상각, 지급이자 등 '고정비'와 인건비, 식자재비, 임대료, 수도광열비, 홍보비, 카드수수료, 소모품비, 부가세 등 매출에 연동하여 발생하는 '변동비'가 있다.

　고정비와 변동비를 먼저 비용 공식에 대입하고 최소한의 이익, 즉 손익분기점에 도달할 수 있는 최소한의 매출이 나오지 않는다면 창업을 해서는 안 된다. 성공 창업, 대박 창업을 생각하기 전에 최소한 망하지 않는 구조를 예측하고 판단하고 계획을 세우는 것이 급선무이다.

슬로 창업을 해라

　창업을 준비하는 대부분의 예비창업자는 누구나 대박을 꿈꾼다. 하지만 식당 경영을 위한 최소한의 준비도 되어 있지 않은 상태에서 업종을 선택하고 좋은 입지를 찾아 전국을 헤매고 다닌다. 그런 사람들일수록 반짝 유행하고 사라지는 소위 트렌드 아이템을 선택할 확률이 높다. 식당 경영은 고도의 경영기술을 요구하는 전문 직종인 데다 장기적으로 운영을 해야 살아남는 영역이다. 따라서 무엇보다 식당업에 대한 애정과 각오가 남달라야 한다.

　생계유지를 위해, 혹은 새로운 직업의 대안으로 식당업에 뛰어들면 십중팔구 성공할 수 없다. 더군다나 주위의 시선이나 체면을 생각하여 겉으로 보기에 그럴듯한 카페나 베이커리를 상당한 규모로 차려서 종업원을 거느리고 창업을 했다가는 1년도 버티지 못하고 좌절하고 만다.

2014년 《미슐랭 가이드》로부터 별 3개를 획득한 미국 캘리포니아 주 욘트빌의 프랑스 식당. 《미슐랭 가이드》 별점을 받은 식당은 음식의 맛은 물론, 서비스와 청결 상태 등도 인정받는 효과를 누린다.

외식업은 사람과 사람이 만나는 휴먼 터치 사업이다. 어떤 직종보다 고객에게 세심한 배려를 해야 하고 외식업을 사랑해야 한다. 일본은 창업자의 80%가 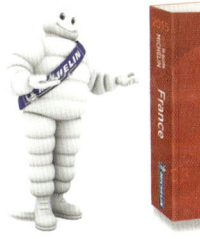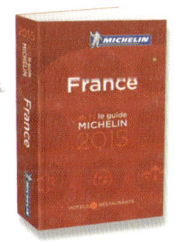 주방에서 일을 하지만, 우리나라는 창업자의 80%가 카운터에 앉아 있다. 그나마 영업시간에도 자리를 지키지 않는다. 식당에서 판매하는 메뉴에 대한 지식이 전혀 없는 상태에서 고객의 민감한 불만 사항을 알 길이 없으며, 더군다나 주방장이 문제를 일으켜 갑자기 그만두면 바로 식당 문을 닫을 수밖에 없는 상황을 맞이하게 된다.

따라서 외식업에 대한 경험이 없는 창업자일수록 규모를 줄이고 모든 메뉴를 스스로가 만들 수 있어야 한다. 큰돈을 버는 수단으로 식당업을 바라보는 것이 아니라 외식업을 즐기면서 고객과 함께 성장한다는 생각으로 식당을 방문하는 고객 한 사람 한 사람과 쌍방향 의사소통을 하면서 장기적인 레이스를 펼쳐야 한다.

빨리 돈을 벌기보다 슬로 창업을 해야 한다. 선진국일수록 1인 창업자의 비율이 높다. 많아야 두세 테이블인 10여 평 남짓한 공간에서 주인 혼자서 음식도 만들고 서빙도 하면서 끊임없이 고객과 소통하고 만족을 극대화하는 1인 창업 레스토랑이 세계적인 《미슐랭 가이드》의 별을 획득한 예도 무수히 많다.

최소한의 수익을 내면서 즐긴다는 생각으로 창업을 준비하고 경영에 임하는 슬로 창업을 권하는 이유가 여기에 있다.

창업 준비
03

프랜차이즈 창업이
그나마 유리하다

식당업에 처음 뛰어드는 예비창업자는 막막하다. 어떤 업종을 선택할지, 입지는 어느 곳이 좋은지, 운영은 어떻게 해야 하는지, 식재료 구입은 어찌해야 하는지 등등 무엇부터 손을 대어야 할지 두렵기조차 하다. 창업박람회도 다니고 프랜차이즈 본사가 주최하는 각종 창업설명회도 수십 군데 다닌다. 직접 인터넷을 뒤져 전국에 있는 맛집이란 맛집은 다 찾아다니고, 더 적극적인 사람은 위장 취업해서 몇 개월간 근무도 해본다.

《2013년 전국 소상공인 실태조사 보고서》에 의하면 평균 창업 준비기간이 8.6개월, 창업자금은 7,300만 원이며, 83%가 창업 동기를 생계형 창업이라 답했다. 월평균 매출은 877만 원, 월평균 이익은 187만 원이란 통계가 말해주듯 본인 인건비도 건지기 힘든 현실이다. 어디를

가야 할지 모르는 사람이 열심히 길만 걷는다고 목적지에 도달할 수는 없다. 10%도 되지 않는 성공 확률인 창업시장에선 전문가도 살아남기 힘든데, 무경험자가 그 정도 발품을 팔았다고 쉽게 성공할 리가 없다. 더군다나 나 홀로 창업은 실패할 확률이 더 높다.

국내 외식 관련 프랜차이즈 본사는 1,500개가 넘고, 25개 미만 점포를 가진 브랜드 수는 1,370개일 정도로 본사는 많고 브랜드는 열악한 실정이다. 그럼에도 불구하고 초보 창업자일 경우 프랜차이즈 본사가 운영 중인 브랜드를 선택

국내 외식 관련 프랜차이즈 본사는 많고 브랜드는 열악한 실정이지만 초보 창업자일 경우 프랜차이즈 본사가 운영 중인 브랜드를 선택하는 것이 다소 유리하다고 할 수 있다.

하는 것이 다소 유리하다. 말도 안 되는 업체가 부지기수지만 잘 찾아보면 좋은 브랜드를 가진 숨은 업체도 많이 존재한다. 프랜차이즈 본사는 어느 정도 시장에서 테스트를 마치고 검증받은 아이템으로 가맹점을 모집하며 나름대로 식자재 물류, 운영 시스템, 교육 프로그램, 마케팅 방안을 가지고 있어 좋은 브랜드만 만나면 나 홀로 창업보다는 성공 확

률이 높다.

정보공개서, 재무제표, 매출 및 손익현황 등의 공개된 자료를 면밀히 검토하는 것도 중요하지만 시장에서의 브랜드에 대한 평가가 특히 중요하다. 최소한 점포 입지별 다섯 군데 이상의 실제 운영 점주를 만나 본사와의 관계, 수익 구조, 메뉴 개발 지원, 시장 내 고객 평판 등을 꼼꼼히 확인해야 하며, 특히 가맹본사 경영진에 대한 정보를 파악하는 것도 중요하다. 실제로 1년에 몇 개가 문을 열고 몇 개가 폐점했는지에 대한 폐점률 조사도 병행해야 하며, 무엇보다 가맹 개설 비용에 대한 타당성 유무도 사전에 파악해야 한다. 몇 퍼센트의 이익을 내는 것이 중요한 게 아니라 평균 투자 회수기간이 얼마인지가 더 중요하다.

이처럼 여러 가지 사전조사를 하여 실패보다 성공 확률이 높은 브랜드를 선택한다면 당연히 주방부터 들어가 본인이 모든 음식을 만들고 식자재를 컨트롤해야 한다. 아무리 좋은 브랜드라도 경영을 어떻게 해야 하는지 파악하는 것이 더 중요하기 때문이다. 주방을 모르면 외식업에서 가장 큰 비중을 차지하는 식재료의 구입 경로와 계절별 시황 등을 알 길이 없다. 이러한 노력을 통해 실패도 예측할 수 있는 단계에 이르러야 성공한 점주가 될 수 있다.

주식보다 위험한 게 식당 창업이다

우리나라는 음식점 천국이다. 상가 건물이 있는 곳이면 어김없이 음식점이 들어서며, 전국적으로 60만 개가 넘는 식당이 영업하고 있다. 경제활동 인구를 기준으로 하면 인구 60명당 식당 1개가 있는 셈이다. 여기에다 매월 2만 개의 식당이 새로 생기고, 매년 50만 명의 예비 외식창업 희망자가 대기하고 있다.

식당 수가 너무 많다 보니 경쟁은 치열해지고 경험 없이 뛰어든 사람은 서서히 망한다. 매월 1만 5,000개의 식당이 문을 닫는다. 식당 창업 후 3년 이내에 투자금을 회수하는 성공 확률은 10%가 안 된다. 이익을 내지 못하는 식당이 전체의 60%를 넘어섰으며, 전국적으로 40만 명 이상이 영업 부진으로 생계가 어려운 형편이다.

외식창업 컨설턴트인 필자는 매일 망해가는 식당 주인들을 만나고

식당업에 종사하는 인구가 많다 보니 식당 간의 경쟁이 치열하고 성공의 비율은 10%에도 못 미친다. 외식업은 고객 만족을 위해 힘쓰고 숨은 고객을 찾아내려는 노력이 있을 때 비로소 성공 가능성이 커진다.

있다. 그들 중에는 외식업의 본질을 이해하고 창업한 사람들은 거의 없다고 할 수 있다. '굶어 죽기야 하겠나'라는 생각에 일단 식당 문을 연 경우가 대부분이다.

주식보다 위험한 게 식당 창업이다. 주식은 자기가 산 종목이 하락하면 손절매라도 해서 빠져나올 수 있다. 또 유망한 종목을 사서 손실을 만회할 가능성도 있다. 그러나 한번 고객들로부터 외면당한 식당을 일으켜 세우는 것은 거의 불가능하다. 새로운 콘셉트와 차별화된 맛으로 무장한 신규 식당들이 매일같이 주위에 생겨나고 있기 때문이다.

고객을 잃어버리는 데에는 10분, 잃어버린 고객을 다시 오게 하는

창업 준비

데에는 10년이 걸린다. 그만큼 외식업에서 고객은 절대적이다. 그러면 식당 창업 희망자들은 무엇을 해야 할까. 철저한 사전 준비가 우선이다. 내가 입점하고자 하는 상권에 어떤 고객들이 있는지, 유동인구는 얼마나 되는지, 경쟁 식당의 수와 장단점은 무엇인지, 어떤 가격대의 어떤 메뉴가 연령별, 성별, 직업별로 인기가 있는지, 원하는 가격대는 얼마인지, 향후 들어설 상권 내 경쟁 업소는 어떤 것이 있는지……. 이런 것을 고려하지 않고 창업하는 사람은 성공하기 힘들다. 또 창업 이후 맛, 위생, 서비스, 이벤트 등 과정마다 과학적 데이터를 바탕으로 체계적으로 관리해야 한다.

    외식업은 시스템 산업이자 감성 산업이다. 어느 날 갑자기 로또가 터지듯 대박이 나지 않는다. 외식업의 본질을 이해하고, 끊임없이 고객 만족을 위해 힘쓰며, 숨은 고객을 찾아내려고 노력할 때 성공 가능성이 보인다.

창업 준비 05

우연한 성공은 없다

우리나라의 자영업 비율은 29%라 한다. 미국은 6%, 일본은 11% 이다. 오랜 경기침체, 조기 퇴직과 청년 실업이 만들어낸 결과이다. 식당 10곳 중 7곳은 창업 후 3년 안에 문을 닫는다. 이게 현실이다.

'외식업 컨설팅'을 책 제목으로 선정한 이유가 여기에 있다. 도저히 성공할 자신이 없다. 대학 졸업 후 30여 년간 먹고 마시는 것과 관련된 모든 업종에서 경험을 하고 300여 식당을 오픈하거나 컨설팅한 필자도 성공을 보장하기란 어렵다. 창업을 하지 마라가 아니라 '준비되지 않은 창업을 하지 마라'가 더 정확한 속내이고 그만큼 예비창업자나 기존 운영자에게 애정과 안타까움이 많기 때문에 자꾸 위험하다, 어렵다 하며 말리는 것이다.

그런데도 회사를 떠나면서 많은 사람들이 먹는 장사부터 생각한다.

프랜차이즈는 선진 시스템으로 개인이 하기 어려운 일을 본사가 대신 해준다. 새로운 메뉴를 개발하고, 표준화된 음식 재료를 제공하며, 홍보를 통해 브랜드 파워를 키우고, 파트너십을 통해 운영 시스템을 체계화시킨다.

이런 사람들을 겨냥한 프랜차이즈가 도처에 널려 있다. 무보증, 무담보 창업대출을 내걸기도 해서 귀가 솔깃하다. 그러나 말처럼 조건 없는 대출은 많지 않다. 만일 해준다 해도 빚을 내어 차별성도 없는 식당을 창업하는 것은 자살행위이다. 우리의 냄비근성은 식당 창업에도 드러난다. 찜닭이 유행하면 수백 개의 찜닭집이 생긴다. 묵은지가 뜨면 모든 식당에 묵은지 메뉴가 생긴다. 유행병처럼 전국을 휩쓸고 나면 도산하는 자영업자만 남는다.

프랜차이즈는 선진 시스템이다. 개인이 할 수 없는 일을 본사가 대신 해준다. 새로운 메뉴를 개발하고, 표준화된 음식 재료를 제공하며,

광고로 브랜드 파워를 키우고, 운영 시스템과 관리 매뉴얼을 알려준다. 프랜차이즈 비즈니스로 성공한 본사와 가맹점주 얘기가 많이 들린다. 그러나 업체의 투명성과 건전성, 인력 양성, 교육, 메뉴 개발 등이 보장되어야만 가능한 일이다. 그런저런 업종과 그럴듯한 무담보 대출로 가맹점 늘리기에만 열 올리는 업체를 믿고 덜컥 계약해서는 안 된다.

가맹점 수와 가입 조건이 중요한 것은 아니다. 업종의 상품 생명 주기(라이프 사이클)를 고려해야 한다. 본사의 신뢰성 여부를 꼼꼼히 조사하는 것도 필수이다. 가급적 많은 기존 가맹점주와 인터뷰하여 본사에 대한 평가, 메뉴의 독창성, 대중성, 고객의 가격 만족도, 물류 체계 등을 따져야 한다.

식당 창업하기

식당은 법률상 식품접객업으로 분류되어 음식류 또는 주류를 조리해 업소 내에서 고객에게 판매하는 업종으로 정의되며, 일반음식점과 휴게음식점, 단란주점, 유흥주점 등이 여기에 속한다. 이러한 음식업의 경우 식품위생법 제22조(영업의 허가 등)에 따라 식품위생이나 시설에 관한 여러 규제가 따르며 관할 시, 군, 구청으로부터 영업허가를 받아야 한다. 허가를 받기 위해서는 위생교육필증, 보건증, 소방방화시설 완비증명서, 영업설비 개요 및 평면도 등을 영업허가 신청서와 함께 위생과에 제출해야 한다.

보건증은 식당 종사원들에 대한 건강진단 수첩을 의미하는 것으로, 식품위생법에서는 식품을 채취하거나 제조, 가공과 조리, 저장, 운반 또는 판매에 직접 종사하는 자(영업자 및 종사자)를 건강진단 대상자로 하여 정기적인 건강진단을 받도록 하고 있다. 위생 검열에서 보건증 없는 사람을 고용한 것이 적발되면 행정처분을 받거나 벌금을 징수당할 수도 있다. 영업에 종사하지 못하는 질병은 소화기 전염병(제1종 전염병), 결핵(비전염성 제외, 제3종 전염병), 피부병과 기타 화농성 질환(나병, 포도상구균, 화농증 등 세균성 피부질환), B형 간염(비활동성 간염 제외), 후천성 면역결핍증(에이즈) 등이다. 보건증은 관할지 보건소에 본인이 직접 가서 간단한 위생 검사를 받으면 발급된다.

시설에 관한 규제로는 정화조 시설, 환기 시설, 방충망 시설, 조리장 시설, 급수 시설, 폐기물 용기, 조명 시설 등이 있다. 지역에 따라서는 음식점 개업을 제한하는 경우도 있으며, 영업 건물 내 정화조 설치 유무에 따라 허가 여부가 결정되므로 정화조 관계는 반드시 확인해야 한다.

한편 학교 부근에는 절대정화구역과 상대정화구역이 있다. 절대정화구역은 학교 출입문으로부터 직선거리 50m까지의 지역을, 상대정화구역은 학교 경계선으로부터 직선거리 200m까지의 지역 중에서 절대정화구역을 제외한 지역을 말한다. 이런 정화구역 안에서는 금지 행위 및 시설 설치가 불가능한 경우가 있다. 또한 상대정화구역에서는 학교환경위생정화위원회에서

신규로 식당을 창업하는 경우, 관할 지역 위생과에서 영업허가를 얻은 후에 세무서에서 사업자등록증을 내야 한다. 이때 식당의 평수와 매출에 따라서 간이과세 또는 일반과세로 분류된다.

심의하여 제한적으로 심의를 해제한 후에야 설치가 가능한 업종도 있다. 이런 교육 환경 저해에 관한 심의를 받으려면 신청서 1부, 건축물 관리대장 1부(행정구청 민원실 발행), 도시계획확인원 1부(행정구청 민원실 발행), 주변 약도 1부를 내고 관할 교육구청에 신청해야 한다.

식당을 신규로 창업하는 경우에는 관할 위생과에서 영업허가를 얻은 후에 사업자등록증을 내야 한다. 사업자등록증은 영업허가증을 가지고 관할 세무서에 가면 즉시 발부된다. 이때 식당의 평수와 매출에 따라서 간이과세 또는 일반과세로 분류된다. 술을 파는 경우에는 주류 취급에 대한 신고를 세무서에 해야 한다. 기존 식당을 인수하여 창업하는 경우에는 전 경영자에게 지위승계 확인서를 넘겨받아 위생계에 제출하고, 신고 및 허가증을 받아 세무서에서 사업자등록증을 내면 된다. 이때 전 경영자가 식품위생법에 의해 행정 처분을 받았는지 꼭 확인해야 한다.

또 일정 규모 이상의 식당에는 일정 수의 소화기를 설치하여 화재 등의 사고에 대비케 하고 있다. 그러나 크게 걱정할 필요는 없다. 대형 건물인 경우는 건물 관리자 측에서 일정 수의 소화기 설치를 요구한다. 개별 건물의 경우도 인테리어 업체나 건축업자에게 의뢰하면 준공검사

때 소방검열도 받아야 해서 법규에 정한 대로 알아서 소화기를 설치해주므로 별문제 없다.
다음 내용은 법령이 정하는 식품접객업의 업종별 정의이다. 업종에 따라 주류의 판매 가능 여부가 결정되므로 식당의 콘셉트를 고려해 업종을 결정해야 한다.

식품접객업의 업종별 정의

☑ 일반음식점 영업

음식류를 조리, 판매하는 영업으로서 식사와 함께 부수적으로 음주 행위가 허용되는 영업을 말한다. 주로 탕반류 등의 식사류를 취급하면서 부수적으로 주류를 판매하는 영업인 한식과 일식, 중식 및 경양식 형태(주로 취급하는 음식물의 유형별 구분)의 음식점이다.

☑ 휴게음식점 영업

음식류를 조리, 판매하는 영업으로서 음주 행위가 허용되지 않는 영업(주로 다류를 조리, 판매하는 종전의 다방과 빵, 떡, 과자, 아이스크림류를 제조, 판매하는 과자점 형태의 영업 포함)을 말한다. 휴게음식점 영업소에서는 주류를 반입하거나(손님이 반입하는 경우 포함) 보관할 수 없으며, 편의점에서 판매를 목적으로 진열하는 경우와 다류의 향, 맛을 다양하게 조리하기 위해 첨가하는(알코올분 1도) 경우에만 예외로 인정한다.

☑ 단란주점 영업

주로 주류를 조리, 판매하는 영업으로서 손님이 노래를 부르는 행위가 허용되는 영업을 말한다.

☑ 유흥주점 영업

주로 주류를 조리, 판매하는 영업으로서 유흥종사자를 두거나 유흥시설을 설치할 수 있고, 손님이 노래를 부르거나 춤을 추는 행위가 허용되는 디스코, 카바레, 룸살롱 형태의 주점 업소를 말한다.

사업자등록 및 기타 사항

사람이 태어나면 출생신고를 통해 주민등록을 하듯, 사업을 하려면 반드시 관할 세무서에 사업자등록을 해야 한다. 사업자등록은 사업을 시작한 날로부터 20일 내에 관할 세무서에 하는 것이 원칙이다.

사업자등록을 하려면 세무서 민원봉사실에 비치된 사업자등록 신청서, 주민등록등본(법인의 경우 법인등기부등본), 영업허가증 사본, 그리고 식당 점포를 임차한 경우에는 임대차계약서 사본 등을 준비한 후, 본인이 세무서를 방문하여 직접 신청하거나 세무사 사무소에 의뢰하면 된다. 사업자등록을 하지 않으면 매입세액 불공제, 미등록 가산세(법인 2%, 개인 1%) 등의 불이익을 당한다. 사업자등록을 하면 본격적으로 세금 납부 의무가 생기는데, 사업자가 부담하는 세금으로는 부가가치세, 종합소득세, 특별소비세 등이 있다.

여기서 중요한 것이 재화(물건 등)나 용역(서비스)을 제공하고 받는 대가에 부가되는 세금인 부가가치세로, 판매할 때 10%의 부가가치세(매출세액)를 포함하여 판매하고, 또 식재료를 매입할 때 10%의 부가가치세(매입세액)를 포함하여 지급한다. 따라서 부가가치세는 손해를 보고 팔아도 납부해야 한다. 이를 증명하기 위해 모든 사업자는 물건을 사고팔거나 서비스를 제공하고 제공받을 경우 세금계산서를 주고받아야 한다. 단, 간이과세 사업자는 세금계산서를 발행할 수 없다. 신용카드로 결제될 경우에는 전표에 세액을 기재한 경우 신용카드 매출전표를 세금계산서로 본다. 부가가치세는 분기별로 신고 납부하며, 예정신고를 4월 25일과 10월 25일에, 확정신고를 7월 25일과 다음 해 1월 25일에 한다(단, 개인의 경우는 4월 25일과 10월 25일의 예정신고 의무가 없다).

종합소득세란 1년간 개인에게 발생한 모든 소득을 합계한 금액에 대해 매기는 세금이며, 사업으로부터 발생한 소득이란 총매출에서 원가와 기타 영업활동을 위해 사용한 모든 경비를 공제한 금액이다. 따라서 장부를 기장한 경우에는 장부 기장에 의해, 장부 기장이 없는 경우에는 표준소득률에 의해 소득세가 부과된다.

이외에도 세무와 관련된 사항은 복잡하고 번거로운 것이 많으므로 세무사에게 편안히 맡기고 본인은 경영에만 몰두하라고 말하고 싶다. 매출이 아주 적은 경우를 제외하면 세무사에게 주는 월정 수수료는 세금으로 인한 고민에 비한다면 큰 부담이 되지 않을 것이다.

한편 영업을 하려면 간판이 필수적인데, 간판 설치에 관한 신고와 허가에 관한 문제는 대부분 간판업자들이 시방서(설명서)와 몇 가지 서류들을 작성해 허가를 얻는다. 그런데 간혹 간판업자가 간판허가증을 받지 않고 임의로 부착하여 실제 경영자가 행정처분을 받거나 과태료를 물고 간판을 떼낸 후 다시 붙이는 등의 피해를 입는 경우가 발생한다. 따라서 창업자는 간판을 계약할 때 허가에 관한 사항을 계약서에 꼭 명기하는 것이 좋다. 돌출간판 관할은 구청 건설과이며, 입간판은 동사무소에 신고만 하면 된다. 네온사인 간판의 경우, 상업 지역 이외의 지역에서는 허가가 나오지 않는다.

실전 컨설팅

준비 없이 시작한 치킨전문점의 실패

　서울 광진구 화양동에서 개인 치킨전문점을 운영하는 30세의 임 씨는 취업이 아닌 창업을 선택한 청년 창업자이다. 20대부터 치킨전문점에서 아르바이트를 했기 때문에 매장 운영에 자신이 있었다. 2~3년간 배운 치킨 조리법과 배달 노하우를 바탕으로 부모님에게 창업자금을 지원받았고, 상호는 당시 결혼을 앞두고 있던 아내의 이름과 자신의 이름 이니셜을 따서 지었다.

　성공하고 싶었지만 기대와는 달리 하루 20만 원 정도의 매출을 올릴 뿐이다. 임 씨는 매출 부진 이유로 낮은 브랜드 인지도, 유동인구가 적은 입지 조건, 부진한 마케팅 등을 꼽는다. 일단 아무런 준비 없이 창업했던 점을 후회하고 있다.

　매출 향상을 위해 한 달에 50~60만 원씩 광고비를 지출했지만 낮은 브랜드 인지도 때문인지 배달 고객은 늘지 않았다. 맛을 향상시키기 위해 노력했지만 짧은 기간 눈동냥으로 기른 실력이 늘지는 않았다.

　20만 원 매출은 주로 홀 영업에서 나온다. 다른 치킨전문점이 배달 영업으로 매출을 올리는 것과는 다르다. 광고비를 지출할 때는 반짝 매출이 오르지만 이를 중단하면 모든 것이 제자리로 돌아간다.

　현재 임 씨는 메뉴를 보완하고 싶어한다. 하지만 낮은 매출로 인해 마음의 여유도, 실행할 힘도 없다. 임대료 150만 원, 인건비 150만 원을 제하고도 수익을 올리려면 하루 40~50만 원 매출은 올려야 하는데 쉽지 않다. 매장 주변에는 20여 개의 배달치킨전문점과 치킨호프전문점이 경쟁 중이다. 임 씨의 마음을 더욱 무겁게 하는 요소이다.

　영업시간은 오후 4시부터 새벽 2시까지. 업무피로도 때문에 한 달에 2회 정도 쉰다. 배달, 카운터, 홀 서빙, 치킨 조리 등 대부분의 업무를 담당하지만 매출 부진은 깊다.

 **컨설팅**

| 메뉴 보완
주요 방문 고객은 40~50대 남성이다. 단기적인 매출 향상책으로 소주 안주류 보강이 시급하다. 치킨전문점의 원재료인 닭을 소주 안주로 적극 활용할 것을 추천한다.

| 운영시간 변경
현재는 오후 4시에 오픈하여 새벽 2시에 문을 닫는데, 새벽 평균 매출은 하루 1~4만 원으로 매우 낮다. 따라서 점심 메뉴를 도입해 오전 11시 오픈하고 밤 10시에 문을 닫는 형태로 변화를 주어야 한다.

| 수익률 증진
치킨 판매만으로는 원재료 비율이 40%를 상회한다. 하루 5만 원 정도의 배달 매출 때문에 일부러 직원을 고용하는 것도 개선점이다. 배달 영업을 없애고 홀 영업에 집중해야 한다. 현 매출 상황으로는 혼자 운영할 수 있어야 한다.

| 상호 변경
전주의 이ㅣ설로 된 상호는 고객에게 별다른 감흥을 주지 못한다. 치킨전문점의 특성을 잘 살린 상호로 변경하는 것이 좋다.

PART 2

업종 선정

제대로 시장 상황을 파악하려면 사업의 과거와 현재는 물론
가까운 미래의 시장까지도 예측할 수 있어야 한다.
업종의 시장 상황이 어떻게 될 것인지 내다볼 수 있어야 한다.

외식업의 특성이란?

　외식이란 집이 아닌 외부의 식음 서비스를 이용하는 행위이고, 외식업이란 그러한 식음 서비스를 제공하는 업을 말한다. 결국 외식업이란 외식활동에 대응하여 성립된 일단의 산업군으로, 식생활에서 외식의 범주에 연관된 산업이다. 종래의 요식업, 접객업, 음식점업 등으로 불리던 음식점 영업은 전체적인 시장 규모가 확대됨에 따라 단순히 음식을 만들어 제공하는 역할에서 벗어나 음식과 서비스 제공, 분위기 연출, 가치 창출 등을 상품으로 제공하는 오늘날의 외식산업으로 발전했다.

　외식업의 전통적 의미는 사회가 발달함에 따라 변화되어왔다. 과거 식당은 고객에게 음식을 제공하는 일정한 공간, 즉 홀이 있는 일반적인 식당을 일컫는 것이었다. 하지만 오늘날에는 식당에 대한 전통적

개념이 깨지고 있다. 포장(to-go)만을 전문으로 하는 패스트푸드점이나 커피점 등과 같이 홀이 없는 외식업이 생겨나고, 한곳에서 대량으로 음식을 만들어 외부의 공사 현장이나 특정 고객에게 공급하는 주문배달업(remote foodservice), 외부의 특정 공간에 음식과 서비스 등의 연회 서비스를 제공하는 출장연회업(outside catering) 등이 홀 공간 없이 뜨고 있다.

한편 음식물 조리나 보관, 포장 등에 대한 기술과 공정이 발달함에 따라 외식업과 소매업의 구분이 모호해지기도 한다. 동전만 넣으면 먹을 것이 나오는 자판기도 있고, 편의점이나 슈퍼마켓 등에서도 조리된 음식을 판매하고 있다. 최근에는 아예 식당에서나 먹을 수 있던 음식을 간편하게 포장해 가정에서도 먹을 수 있게 만든 가정대용식(HMR : Home Meal Replacement)이라는 새로운 개념의 외식상품도 유행하고 있다.

이러한 외식업은 제조업인 동시에 서비스업이며 인간의 기본 욕구를 다루는 복합 산업으로, 제조업과 다른 특성이 있다. 먼저 전통적인 개념이든 새로운 개념이든, 외식업은 서비스 부문과 제조 부문이 결합된 매우 특이한 산업 분야로서 만드는 곳, 파는 곳, 사용하는 곳이 대부분 한 장소에서 동시에 이루어진다. 이를 '생산과 소비의 동시성'이라고 하며, 이에 따라 복잡한 세 가지 공정을 일정 시간 내에 원활히 고객에게 전달하기 위해서는 스피드와 프로세스가 필요하다.

또 다른 특성은 고객이 대부분 일정하지 않다는 점이다. 고객이 확정되어 있는 학교나 단체급식은 고객 수가 매일 일정한 편이지만, 대부분의 식당들은 이용하는 고객 수가 매일매일 다르다. 물론 그 수가 많

외식업주가 고객의 수를 잘못 예측하면 준비한 식재료를 버릴 수도 있다. 낭비되는 요소를 최소한으로 줄이기 위해서는 고객 예측과 재고 관리를 철저히 시행해야 한다.

든 적든 식당은 항상 균질한 음식을 손님에게 제공해야 한다. 고객의 수를 잘못 예측하면 많은 양의 음식과 식재료를 버려야 할 수도 있다. 따라서 낭비되는 요소를 최소한으로 줄이기 위해 고객 예측이나 재고 관리 및 영업 관리를 철저히 시행해야 한다. 반대로 말하면 고정 고객, 즉 단골손님(loyal guest)을 얼마나 확보하느냐가 사업 성패에 큰 영향을 미친다.

외식업은 또 노동집약적인 사업이다. 식당에도 많은 자동화 설비가 도입되고는 있으나, 식음상품을 고객에게 전달하기까지는 사람의 손을 빌려야 하다. 그러므로 어느 산업보다도 인력 관리에 세심한 주위가 필요하고, 숙련된 종업원의 이직을 최소화하기 위해 종업원의 사기 진작과 동기 부여가 중요하다.

　마지막으로, 가장 중요한 것은 '입지'이다. 외식업은 인근 지역 내 거주하고 통행하는 고객을 내 고객으로 만드느냐에 따라 성패가 결정되는 지역 밀착형 산업이다. 그러므로 같은 콘셉트, 같은 규모의 식당일지라도 입지에 따라 그 성과는 상반되게 나타난다. 지역 상권과 지역 거주민에 대한 정확한 데이터를 가지고 이에 따른 분석이 필요하다.

브랜드 명성에
현혹되지 마라

    국내 외식 프랜차이즈 본사 1,500개 중 1,000개 이상의 가맹점을 소유한 브랜드는 전체 가맹 브랜드 수 대비 약 2%인 20여 개가 있다. 소위 유명 브랜드인 이들 또한 폐점률은 평균 10% 이상을 상회한다. 쉽게 말해 1년에 100개가 오픈하면 10개 이상이 문을 닫는다는 의미이다. 또한 정부에서 폐점률 공개를 의무화하지 않은 맹점을 악용하여 폐점 점포 수를 제대로 공개하지 않고, 3년 이내 기한을 정하면 약 40% 이상이 3년 이내 폐업을 한다는 뜻이다.

    나 홀로 창업보다 시스템이 잘 갖춰진 프랜차이즈 브랜드 창업이 다소 유리한 것은 맞지만, 경쟁력 있는 지속적인 메뉴 개발과 품질 관리가 되지 않는 업체를 잘못 선택한다면 시쳇말로 도찐개찐인 셈이다. 브랜드를 띄우기 위해 인기 있는 아이돌 그룹을 광고 모델로 쓰거나 이

프랜차이즈 브랜드 창업 시 본사 경영주와 등기임원의 이력을 꼼꼼히 살펴봐야 한다. 좋은 브랜드를 만들고 발전시켜나가는 데에는 경영진의 능력과 도덕성이 중요한 변수가 되기 때문이다.

미지가 좋은 연예인을 모델로 기용하여 오픈만 하면 성공할 듯 보이지만 신기루에 불과할 뿐이다. 매장 수는 다소 적어도, 유명 연예인을 광고 모델로 기용하지 않더라도 숨어 있는 보석 같은 업체는 의외로 많다. 이들을 가려내기 위해서는 치열한 노력이 필요하다.

정보공개서에 명시된 각종 재무적 지표, 특히 자본금과 부채비율, 연도별 매출 및 신규매장 수 증감 현황과 당기순이익 변동표를 꼼꼼히 비교해봐야 한다. 이러한 경영지표 비교뿐 아니라 실제 경영주와 등기임원의 이력도 살펴봐야 한다. 결국 좋은 브랜드를 만들고 발전시켜나가는 것은 경영진의 능력과 도덕성이 중요한 변수가 되기 때문이다.

또한 입점매장별 상권 보호는 제대로 되고 있는지, 본사에서 물류 이익 구조를 어떻게 가져가고 있는지, 매출 대비 식자재 구성비율은 얼마인지에 대한 점검도 필수적이다. 시시각각으로 변하는 고객의 요구에 부응할 수 있는 메뉴개발실 인력 수도 중요하며, 지속 가능하게 발전할 수 있는 아이템, 즉 트렌드에 민감한 업종인지도 잘 따져봐야 한다. 매년 유행병처럼 마케팅의 힘으로 반짝했다가 사라지는 브랜드가 얼마나 많은지 조금만 관심을 가져보면 알 것이다. 외식업은 진정성이 있어야 한다. 하루아침에 신데렐라가 될 수는 없다. 브랜드의 명성보다, 브랜드의 가치보다 더 중요한 것은 브랜드를 지속적으로 발전시켜 나갈 수 있는 디테일이 강한 기업을 찾는 것이다.

일부 연예인들이 인기에 힘입어 이름만 빌려주고 프랜차이즈 업체를 홍보하거나 심지어는 오너 행세를 하는 경우도 많아서 이들의 인기가 급강하하거나 음주, 도박, 성추행 등의 비도덕적인 사건에 연루되기라도 하면 바로 가맹점 영업에 타격을 주어 하루아침에 폐업을 하는 사례도 부지기수이다. 따라서 이들의 인기를 믿고 전 재산을 털어 넣는 것은 너무나도 위험한 일이다. 전문가의 조언에 귀 기울이고 본인이 체크리스트를 만들어 옥석을 가려야 한다.

업종 선정 03

폐업 리스크를 줄이는 체크리스트

어떤 기준으로 업종을 선택하는 것이 유리할까? 우리나라에 수없이 많은 식당이 있지만 전체 식당 수 대비 한식이 차지하는 비율은 70%가 넘는다. 그만큼 한식은 늘 우리가 편안하게 접하는 음식이고, 입점 위치에 따른 제약도 상대적으로 까다롭지 않다. 일본에서 대박 난 우동 전문점이 하나같이 한국에선 힘을 쓰지 못하는 이유는 우동은 간식이지 주식이 아니기에 영업회전율이 나오지 않아 지속적인 영업상승을 유지하기가 어렵기 때문이다.

따라서 첫 번째, 상대적으로 창업 비용이 적게 들고 권리금, 보증금, 임대료가 입지에 대한 제약을 덜 받는 한식 업종을 선택하는 것이 커피숍, 베이커리, 이탈리안 레스토랑 등 전문 업종에 비해 덜 위험하다. 또한 영업이 부진할 때 메뉴를 변경하기 쉬워 최악의 경우 탈출할

우리나라 전체 식당 업종 중 한식이 차지하는 비율은 70%가 넘는다. 한식 업종이 많은 것은 편안하게 접할 수 있는 음식인 데다 입점 위치에 따른 제약도 상대적으로 적기 때문이다.

수 있는 가능성도 높다.

두 번째, 사계절 영업이 가능해야 한다. 2014년을 휩쓸고 지나간 팥빙수전문점은 유사 브랜드가 30여 개가 넘을 정도로 창업시장을 뜨겁게 달구었지만 지금은 폐업하는 망치질 소리가 전국을 강타하고 있다. 소위 반짝 아이템인 것이다.

세 번째, 성별이나 연령별 호불호가 강한 아이템은 피해야 한다. 한쪽으로 치우치는 메뉴군으로는 고객 수를 늘리는 데 한계가 있다. 되도록 전 연령층에서 선호하고 남녀가 공히 좋아하는 메뉴로 승부해야 한다.

네 번째, 식사시간대가 광범위한 업종이 좋다. 돈가스전문점이나 양식집의 경우 새벽이나 아침부터 이용할 수 없고, 고깃집도 저녁 한 타임만 반짝한다. 물론 인건비나 운영경비 등을 고려하여 정확한 타깃을 정해 저녁 장사에만 집중할 수도 있겠으나 아침, 점심, 저녁 시간 언제나 고객이 이용 가능한 메뉴군을 선택하는 것이 좋다.

다섯 번째, 주방장 의존도가 높거나 인력이 상대적으로 많이 들어가는 업종을 선택하는 것은 위험하다. 인건비를 최소화할 수 있는 시스템으로 운영이 가능하려면 메뉴가 단순해야 하며, 전문기술보다는 대중이 보편적으로 선호하는 아이템이 좋다.

여섯 번째, 트렌드에 민감한 아이템은 철저히 피해야 한다. 식당업은 한때 스치듯 지나가는 유행이 아닌 지속 가능한 아이템이어야 한다. 안동찜닭, 닭강정, 스몰비어, 빙수카페, 요구르트전문점 등 매년 창업자를 울리고 사라지는 반짝 아이템보다는 어떤 변화에도 민감하지 않는 스테디셀러 메뉴를 잘 선택해야 실패를 줄일 수 있다.

일곱 번째, 판매가격대 혹은 1인당 지불할 수 있는 소위 객단가客單價가 1만 원 미만이어야 한다. 외식 선진국인 일본과 미국에서도 가장 호황을 누리는 식당은 객단가 7,000~8,000원 수준에서 고객을 만족시키는 데 집중하고 있다.

여덟 번째, 초기 창업 비용이 많이 들어가는 아이템은 피해야 한다. 크게 투자해 많이 번다는 생각은 애초부터 하지 말아야 한다. 외식업은 대부분 임대를 하여 창업하고 임대기간이 짧기 때문에 투자비가 많으면 원금을 회수하기 어려운 사업이다. 만약 창업 비용이 3억이라면 모든 비용과 세금을 공제하고 한 달에 1,000만 원을 번다 해도 30개월이 지나야 투자비를 회수할 수 있다. 그런데 이렇게 다경쟁 구도 속에서 월 1,000만 원의 순이익을 올리는 업종을 찾기는 어려운 일이다. 눈에 보이는 이익금보다 많이 남길 수 있다는 이익률에 현혹되기보다 얼마 만에 투자원금을 회수할 수 있는지부터 우선 따져보아야 한다.

위에서 언급한 여덟 번째까지 업종 선택 기준은 대박을 위한 기준이 아니라 최소한 창업을 하려 할 때 폐업 리스크를 줄이는 절대적인 체크포인트이다. 이런 기준에 맞는 메뉴와 업종이 어디에 있느냐 반문하겠지만, 그래서 식당으로 성공하기란 어려운 것이다. 끊임없이 점검하고 탐구하고 연구해야 한다. 전문가와 상담하고 성공과 실패 사례도 꾸준히 탐색해야 한다. 성공도 중요하지만 실패 요인을 사전에 점검하고 차단하는 것이 더 중요하다.

업종 선정 04

사업 타당성 분석에 의한 창업

　선릉역 쪽에서 80평 규모의 주점을 운영 중인 청년 창업자 박 씨는 현재 월평균 1억 원 이상 매출을 올리고 있다. 박 씨의 성공 비결은 창업 전에 사업 타당성 분석을 꼼꼼히 한 것이다.

　박 씨는 대학교 졸업 후 취업을 결심했지만, 좁은 취업문을 통과하지 못하고 창업으로 진로를 바꿨다. 초기에는 별생각 없이 부모님이 권유하는 커피전문점 창업 쪽으로 가닥을 잡았지만, 사업 실패에 대한 불안이 컸다. 첫 창업이니 심사숙고한다는 마음으로 정부에서 운영하는 창업스쿨을 다니며 외식시장을 분석한 후 가장 적합한 업종을 선택하기로 했다. 창업을 준비할 때 가장 필요한 것은 돈이 아니라 정보라는 생각에 하나라도 더 머릿속에 넣기 위한 노력을 아끼지 않았다.

　창업을 하려면 창업 환경을 검토하는 과정이 필요하다. 창업 환경과 전망, 창업자 적성검사(창업자의 능력, 자질, 경험), 가정 환경, 창업 의지, 창업 경영이론 학습, 가족 협력 등의 여부는 창업 전에 꼭 파악해야 할 요소이다. 업종 선택 과정도 분석의 과정이다. 창업 트렌드를 분석하고, 자신에게 맞는 아이템인지 검토하며, 성장성과 안정성 있는 후보 아이템 3~5개를 선정하여 꾸준히 시장 조사를 진행한 후에 운영할 업종을 선택해야 한다. 또한 사업 타당성 검토도 빼놓지 말아야 한다. 사업 성공 가능성에 대한 정보를 파악하기 위해 선택한 업종의 상품성, 시장성, 수익성, 안정성(위험 요소) 등을 자세히 검토해두면 실패하지 않는 창업이 가능하다.

박 씨 사례처럼 성공한 사람은 몇 가지 공통점이 있는데, 그 중 하나가 시장 상황을 잘 알고 있는 것이다. 창업 전 사업 타당성 조사를 할 때 절대로 빠뜨려서는 안 될 요소가 바로 시장 조사인데, 사업 경험이 없는 대부분의 예비창업자들은 시장 조사에 별로 관심 없는 경향이 있다. 철저하게 시장 조사를 시행하고 사업 타당성을 검토한 뒤에 창업을 하는 사람은 전체의 10%도 안 된다. 그렇다면 시장 조사는 어느 정도로 해야 할까? 자신이 보유한 자산 대부분을 투자하는 만큼 시장 조사는 매우 합리적이고 치밀할 필요가 있다.

시장 조사에서 가장 먼저 실시할 것은 규모의 파악으로, 수요와 공급의 균형이 어떤지를 우선 살펴봐야 한다. 해당 사업과 관련한 시장 동향도 파악해야 한다. 이러한 일련의 과정은 대중매체를 통할 수도 있지만, 역시 해당 업종에서 종사하는 점주 또는 직원의 이야기를 들으면 더욱 자세하게 알 수 있다. 제대로 된 시장 조사를 위해서는 업계의 현

시장 조사에서 가장 먼저 실시할 것은 규모의 파악으로, 수요와 공급의 균형이 어떤지를 우선 살펴야 한다. 또한 해당 사업과 관련한 시장 동향도 파악해야 한다.

실을 정확히 파악하고 있는 관계자를 최소 10명 이상은 만나야 한다. 이들과 면담하여 그 업종의 전망은 물론 애로점과 장애 요인까지 파악할 수 있고, 사업하기 전에 예상되는 복병에 대해서도 미리 다양한 경영전략을 수립해둘 수 있다.

    아울러 제대로 시장 상황을 파악하려면 하고자 하는 사업의 과거와 현재는 물론 시장의 미래까지도 예측할 수 있어야 한다. 만약 당신이 성공하고 싶다면 적어도 6개월에서 1년 후 하고자 하는 업종의 시장 상황이 어떻게 될 것인지 내다볼 수 있어야 한다.

상권에 맞는 업종 선택

옷이 아무리 예뻐도 몸에 안 맞으면 입을 수 없다. 상권에 안 맞는 업종을 선택하면 빨리 실패에 이른다. 상권에 따른 업종 선택의 기준은 다음과 같다.

중화요리점과 일식집은 500m 이내 5,000~1만 명 이상의 상주인구가 있어야 한다. 한식전문점으로 성공하려면 200m 이내 2,000명 이상 유동인구가 있는 곳에 자리 잡아야 한다. 패스트푸드점은 반경 2㎞ 이내 2만~3만 명의 젊은 층 유동인구, 패밀리 레스토랑은 5㎞ 이내 4만 명 이상의 상주·유동인구, 커피숍은 500m 이내 5,000명 이상의 주간 유동인구가 있는 곳이 유리하다. 요즘 경쟁이 심한 치킨집의 경우 반경 2㎞ 이내 2,000가구 이상의 아파트·주택단지나 5,000명 이상의 상주·유동인구가 있는 지역이 좋다. 후보지를 찾아다녀도 답이 안 나올 경우, 상주·유동인구로 점포의 가치를 매기면 쉽게 풀릴 수 있다.

상주인구를 조사하려면 걸어서 5분 정도 걸리는 500m 이내 구역(1차 상권)의 거주자 수를 파악한다. 해당 구청이나 동사무소 등에서 확인할 수 있고, 인터넷에서 검색할 수도 있다. 역세권이라면 해당 역의 하루 이용객 수를 해당 역무실에 알아보면 된다. 주 고객이 청소년층이라면 인근 중고교의 학생 수로 추정할 수 있다.

유동인구의 숫자뿐만 아니라 유동인구의 흐름도 중요한 요소이다. 특정 위치를 지나는 통행인과 차량의 수를 확인한 뒤 이를 상, 중, 하 세 단계로 분류한다. 아침, 점심, 저녁 등 시간대별로 조사함으로써 완성도를 높일 수도 있다. 또 성별, 연령별, 시간대별, 요일별 통행인 수를 관찰한다. 그러면 음식점을 차리려는 상권이 주간상권, 야간상권, 고정상권, 유동상권 중 어디에 해당하는지 판단할 수 있다. 더 나아가 상권 내 인구수, 가구 수, 가족구성원 수, 주거 형태 등 통계자료를 뒤져본다.

덧붙여 경쟁 식당의 이용객 수, 계층, 가격대, 매장 콘셉트 등을 파악하고, 향후 주변 상권의 확대 또는 축소 가능성을 생각해봐야 할 것이다. 참고로 여성보다 남성이, 자녀가 있는 가정보다

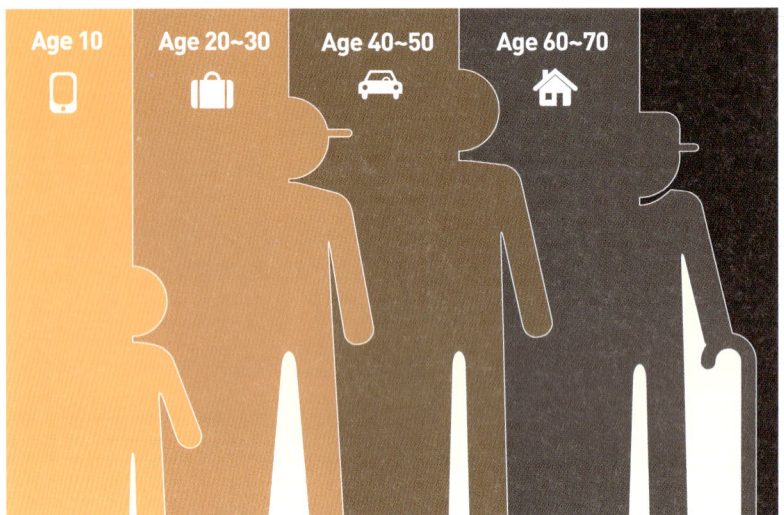

상권을 분석하면서 실시하는 잠정 미래 고객에 대한 조사와 예측은 계층별, 성별, 연령별, 주거 형태별, 지역 특성 등 다양한 자료와 통계를 조사하고 분석·활용해야 한다.

미혼이나 신혼부부가, 일반 가정보다 맞벌이 부부가 외식을 더 자주 한다.

주 상권은 유동인구가 많은 곳을 중심으로 발달한다. 상권이 확장되면 주변 지역이 부수 상권이 된다. 주 상권이 장사가 잘되는 것은 상식이다. 그러나 부수 상권에서도 조금만 노력하면 불리함을 이길 수 있다. 부수 상권은 점포 임차보증금이나 권리금이 싸다는 장점도 있다.

실전 컨설팅

업종 변경에 실패해 하루 10만 원 매출

　노 씨는 2010년부터 한자리에서 3년째 음식점을 운영 중이다. 원래 인기 있는 순댓국전문점이었는데, 매출 부진을 겪자 순댓국 대신 곱창과 삼겹살구이 전문점으로 업종을 변경했다. 이후 매출이 급감하면서 하루 10만 원 정도 매출을 올린다. 순댓국전문점을 운영할 때에는 하루 50만 원 이상 꾸준히 매출을 올렸다.

　노 씨 매장은 아파트 단지 입구 먹자골목에서 조금 떨어진 곳에, 유명 나이트클럽 후문에 있다. 해당 상권은 업종마다 매출 편차가 커서 호황을 누리는 업종과 폐점하는 업종이 절반씩이다. 따라서 노 씨가 업종 선정에 심혈을 기울인다면 회생 가능성도 있다.

　노 씨가 입주한 건물 1층에는 식당가, 2층에는 사무 공간이 있다. 같은 건물에는 막걸리전문점, 회전문점, 치킨전문점, 떡전문점, 국수전문점, 일본라멘전문점 등이 입점해 있는데 전문점은 매출이 높고, 비전문점의 매출은 낮다.

노 씨 매장의 주 메뉴는 생삼겹살, 냉동삼겹살, 막창 등이다. 안주류로는 곱창볶음, 도토리묵, 두부김치, 닭발, 돼지껍데기 등이 있다. 영업시간은 오후 4시부터 새벽 3시까지. 저녁 7시에서 밤 9시 사이에 주로 고객이 들고, 밤 11시 이후에는 고객이 끊긴다.

원래는 종업원을 고용해 매장을 꾸려왔으나 매출이 급감한 후 혼자 운영하고 있다. 점포에서 노 씨의 역할은 조리, 서비스, 카운터, 장보기 등으로 대부분의 업무를 혼자서 하고 있다. 처음에는 남편과 함께 매장을 꾸렸으나 매출이 부진해지면서 남편은 회사에 나가고, 업무가 바쁜 시간에는 아들이 일을 돕고 있다.

 **컨설팅**

| 업종 변경 실패
기존에 잘 운영하던 매장의 업종을 갑작스럽게 변경해 실패한 경우이다. 음식점이 갑자기 주점으로 바뀌면서 많은 고객이 이탈한 것이다. 노 씨의 매장은 주점보다는 음식점에 알맞은 만큼 업종 변경의 실패가 고스란히 매출로 이어졌다.
해당 상권에는 막창을 즐기는 고객층이 거의 없다. 따라서 다시 순댓국전문점으로 전환하는 것을 추천하고, 술안주인 보쌈을 추가하면 매출이 더 향상될 수 있을 것이다. 이때는 매장 전면에 설치된 오픈 키친에서 보쌈 삶는 모습을 보여주어 고객을 유인하는 전략도 좋다.

| 고정 고객 창출
매출을 높이기 위해 전단지를 배포하거나, 명함 수집 후 사은품을 증정하는 등의 소소한 마케팅을 전개한다. 매장 내에서 전개하는 반값 할인 이벤트도 효과적이다.

3
PART

입지 선정

식당을 창업할 때 입지 선정은 아무리 강조해도 지나치지 않다.
외식업을 포함한 환대산업은 입지산업이라고 할 정도로,
좋은 입지의 식당은 위치 자체만으로 많은 고객을 끌어들일 수 있다.

명당을 찾아라

　음식점 창업에서 좋은 목을 고르면 성공의 기반을 잘 다진 것이다. 좋은 입지의 식당은 그 자체로서 많은 고객에게 노출되기 쉬워 상대적으로 성공할 확률이 높지만 그런 자리를 고르기는 어렵다. 장사가 잘되는 지역은 대개 높은 임차료에다 권리금까지 붙는다. 매물도 많지 않다. 그래서 '명당'을 찾으려면 발품이 필수이다.

　외식업도 다른 업종과 같이 판매 상품(메뉴)의 소비 인구가 많고 주변 상권이 발달한 곳을 목 좋은 곳으로 꼽는다. 버스 노선 5개 이상의 정류장 50m 이내, 편도 2차선 이상 도로의 200m 이내, 고정인구 2만 명 또는 세대수 5,000가구 이상의 지역, 2,000세대 이상 아파트 밀집 지역, 대학 정문 300m 또는 후문 100m 이내, 10층 이상 건물 5개 이상이 밀집한 지역 등이다.

외식업은 소비 인구가 많고 주변 상권이 발달한 곳을 목 좋은 명당으로 꼽는다. 업소 가까이 버스 정류장이나 도로가 있거나 주변에 대학교가 위치한다면 최고의 상권이라 할 수 있다.

    돈이 부족해 입지가 좋지 않은 곳을 고르기보다 식당 크기를 줄이더라도 입지가 좋은 곳을 선택하자. 고객의 동선도 중요하다. 퇴근길 동선에 있으면 좋다. 그리고 높은 지대보다는 낮은 지대가 유리하다. 남향보다는 오히려 북향이 좋은 편인데, 밖에서 식당 안이 잘 들여다보이기 때문이다. 또 늦은 오후 네온사인 불빛이 북향에서 더 잘 보여 손님의 시선을 끈다.

    아무리 사람들로 북적이는 상권에 식당을 내더라도 손님이 안 들면 어려워진다. 그러므로 창업하는 업종과 상권의 궁합이 맞아야 실패를 줄일 수 있다. 고객의 특성이나 소비성향과 잘 맞는지 궁합을 따져보도록 하자. 이를 위해선 상권 조사가 필수적이다.

상권 조사에서는 '누가(Who)', '어디에(Where)', '어떻게(How)' 등 세 가지 요소를 고려해야 한다. 상권 내 거주하는 사람이나 근무하는 사람은 누구인가(Who), 고객의 활동 지역은 어디인가(Where), 상권의 특성과 인구는 얼마나 영향을 주는가(How) 등이다. 예컨대 'Who'를 생각하지 않고 식당을 열면 음식 가격이 상권 내 소비자의 소득 수준보다 비쌀 수 있다. 그 결과는 따로 말할 필요도 없다.

또 식당을 기준으로 1차 상권과 2차 상권으로 나눠본다. 1차 상권은 걸어서 5분 정도 거리(반경 500m) 내의 지역이고, 2차 상권은 1차 상권 바깥과 걸어서 10분 정도 거리(1㎞) 내의 지역이다. 각 상권 안의 경쟁업소를 그려놓는다. 상호, 업종, 크기, 메뉴 구성, 가격대 등도 함께 표시한다. 그러면 수요가 어떨지, 마케팅을 어떻게 해야 하는지 보일 것이다.

명당이란 어떤 곳일까?

식당을 창업할 때 입지 선정은 아무리 강조해도 지나치지 않다. 외식업을 포함한 환대산업(hospitality industry)은 입지산업이라고 할 정도로, 좋은 입지에 들어선 식당은 별다른 노력 없이도 위치 자체만으로 많은 고객을 끌어들일 수 있다.

그러나 목 좋은 자리를 고르기는 말처럼 쉽지 않다. 장사가 잘되는 곳은 일반적으로 입지 여건이 좋은 지역이지만, 대부분 높은 임차료에 권리금까지 있어 초기 투자비가 많이 들 뿐 아니라 시중에 나온 매물도 많지 않다. 명당을 찾기 위해서는 발품이 최고의 투자이다. 이외 근래에 손쉽게 구할 수 있는 각종 정보지를 이용한다거나 부동산중개소를 활용하는 것이 좋다. 지방 토박이와 상담하는 것도 훌륭한 방법일 것이다.

장사가 잘되는 명당은 유동인구가 많고 주변에 상권이 잘 갖추어져 있어야 한다. 그러나 입지가 좋은 지역은 그만큼 임차료와 권리금이 높고 초기 투자 비용도 많이 들어간다.

그렇다면 발로 뛰면서 보아야 할 명당 선정의 포인트는 무엇일까? 명당(좋은 입지)이란 우선 판매상품(메뉴)의 소비 대상 인구가 많아야 하며, 주변 상권이 활성화되어 고객을 흡수할 수 있는 업종들이 고루 분포된 곳이다. 또 판매상품의 객단가가 주변 소비자들의 소득 수준과 맞는 곳이어야 한다. 일반 판매업종과 같이 역, 극장, 정류장, 쇼핑가, 전시장, 유명 관광지 주변도 명당이라 볼 수 있다.

이외에 다음 박스의 후보지가 일반적인 식당이 입지하기에 명당일 수 있는 곳이다.

🔍 명당 후보지

- 버스 노선 5개 정도의 정류장에서 50m 이내
- 버스 종점 반경 50m 이내, 아파트-주택 사거리
- 편도 2차선 삼거리 이상 도로의 200m 이내
- 반경 500m 이내에 동종 식당이 3개 이상 없는 곳
- 고정인구 2만 명, 세대수 5,000가구 이상의 소도시 지역
- 2,000세대 이상 대규모 아파트 및 주택단지가 밀집한 곳
- 고등학교 이상 대학가 주변 정문 300m, 후문 100m 이내
- 주변에 10층 이상 건물이 5개 이상 밀집한 곳

입지를 선택할 때에는 자금이 부족하다고 입지가 좋지 않은 곳을 고르기보다 식당 크기를 줄이더라도 목이 좋은 곳을 선택해야 한다. 점포 맞은편에 상권이 발달하지 않은 경우는 피하고, 건널목 위치 등 고객의 동선이 아주 중요하다.

누구와 경쟁하게 되나?

상권을 분석할 때 경쟁 업소를 조사해야 하는 이유는 다음과 같다. 첫째, 자신의 식당에 얼마나 많은 고객이 들 것인지 가늠해보는 잠재수요의 예측이다. 상권 내에서 영업 중인 식당의 현황을 파악하는 것은 현재 수요에 비해 공급을 담당하는 식당 수가 적정 수준인지 판단해보는 참고자료가 되기 때문이다. 둘째, 경쟁 식당을 조사하는 것은 식당 위치를 평가하는 데 많은 도움이 된다. 셋째, 식당의 콘셉트 설정과 목표고객 결정에도 도움이 된다. 마지막으로, 영업을 성공적으로 이끄는 요소를 관찰하고 자신의 식당에 관한 아이디어를 내는 데 도움이 된다.

경쟁 식당을 조사할 때에는 물리적 측면과 영업적 측면을 모두 조사해야 한다. 식당의 물리적 측면이란 경쟁 식당이 목 좋은 자리에 있는지(입지), 눈에 잘 띄는지(가시성), 고객이 쉽게 드나들 수 있는지(근접성),

그리고 업소의 외장(exterior)과 내장(interior) 등을 말한다. 여기서 경쟁 식당의 입지 효과에 대해 안목을 넓히는 것은 자신의 입지 분석에도 유용하다. 아무리 입지가 좋아도 건물이 잘 보이지 않거나, 횡단보도를 건너고 신호등 신호를 오래 기다려야 한다면 그 효과는 반감된다.

　식당의 영업적 측면이란 메뉴와 가격, 서비스, 조명과 실내 인테리어를 통합한 분위기, 영업시간, 좌석 수 등을 말한다. 따라서 아침, 점심, 저녁 메뉴 등 영업시간대별로 메뉴를 조사하고, 스페셜 메뉴를 파악해두며, 가능하다면 메뉴표를 구하도록 한다. 각 영업시간대별 메뉴와 가격도 이때 확인해두어야 한다. 서비스는 어떠한 형태로 이루어지는지, 식기류와 식탁 등의 품질은 어떤지를 파악하고, 종업원의 서비스 요령도 조사한다. 그리고 식당의 좌석 수와 테이블 레이아웃, 인테리어 디자인의 특징 등을 조사하고, 로맨틱한 분위기인지 아니면 흥겨운 분위기인지 등을 구분하며, 유지 보수를 제대로 하고 있는지도 살펴본다.

상권 조사는
어떻게 해야 하나?

　식당 할 곳을 찾아 돌아다니다 보면 간혹 신축 건물이라든지 기존 영업 장소가 매물로 나오는 경우가 있다. 과연 그곳에서 장사가 잘될까? 식당을 하면 성공할 수 있을까? 이러한 문제를 풀기 위해서는 상권 조사가 필수적이다.

　상권 조사란 상권의 중심 또는 점포 매물을 중심으로 1차 상권과 2차 상권으로 나눠 그 범위 내에 있는 경쟁 업소(유사 식당)를 표시한 약도를 그린 다음 업종과 점포 크기, 상호, 메뉴 구성, 가격대 등을 조사하는 것이다. 이는 점포에 대한 수요 예측과 마케팅 전략 수립의 기초가 된다.

　식당의 콘셉트나 메뉴에 따라 상권을 분류하는 기준은 다를 수 있다. 즉 상권의 크기는 식당의 콘셉트에 따라 그 범위를 달리하는데, 이를테면 중국음식점이나 분식점 등은 상대적으로 작은 상권을 이루며, 중고가의 패밀리 레스토랑이나 전문음식점 등은 넓은 상권을 형성한다.

상권의 크기

- **중화요리점** : 500m 이내 5,000~1만 명 상주인구
- **한식전문점** : 200m 이내 2,000명 이상 사무실 인구 및 유동인구(상품성, 서비스, 분위기 등이 독특할 때에는 5km까지 가능)
- **일식점** : 500m 이내 5,000~1만 명 상주인구(입지 및 메뉴에 따라 5km까지 가능)
- **패스트푸드점** : 2km 이내 2만~3만 명의 젊은 층 유동인구
- **패밀리 레스토랑** : 5km 이내 4만 명의 상주 및 유동인구
- **커피숍** : 300~500m 이내 5,000명 이상의 주간 유동인구
- **치킨전문점** : 2km 이내 5,000명(2,000세대) 이상의 상주 및 유동인구

일반적으로 1차 상권은 이용고객의 70% 내외, 2차 상권은 이용고객의 20% 내외, 3차 상권은 10% 내외를 포함하는 구역을 정하면 무난할 것이다. 그런데 이러한 상권이라는 것도 식당을 내기 위해 후보지를 물색하러 다니다 보면 정확하게 판단이 잘 서지 않는 경우가 많다. 무엇보다도 후보지를 중심으로 해서 지나다니는 인구가 얼마나 되느냐, 다시 말해 유동인구가 점포의 가치를 평가하는 결정적 요인이 된다는 것을 이해하면 일은 쉽게 풀릴 수 있다.

유동인구를 조사할 때에는 후보 점포의 규모, 주변 시설의 흡인력, 주변 인구의 외식 형태, 외부 유출입 동선, 주변 지역의 지형지세, 도로

유동인구를 조사할 때에는 주변 시설의 흡인력, 외부 유출입 동선, 주변 지역의 지형지세, 도로 및 교통시설, 통행인의 성격, 상권의 지리적 위치 등 여러 가지를 살펴야 한다.

및 교통시설, 통행인의 성격, 상권의 규모 및 형태, 지리적 위치 등 여러 요인을 감안하여 후보 점포의 1차 상권과 2차 상권의 범위를 정한다. 식당 콘셉트에 따라 다르기는 하지만, 걸어서 5분 정도 걸리는 약 500m 이내 구역을 1차 상권으로 정하고, 걸어서 10분 사이의 500~1,000m 이내 구역을 2차 상권으로 정하는 것이다. 그리고 1차 상권 범위 안에서 후보 점포가 위치한 상권의 형태와 규모를 파악해야 하며, 그 범위 안의 거주자를 계산해보면 대략 잠재고객 수를 알 수 있다.

거주자 수에 대한 정보는 해당 구청이나 동사무소 등에서 확인하거나, 인터넷에서 검색할 수 있다. 역세권이라면 해당 역의 하루 이용객

유동인구가 많은 곳을 중심으로 상권이 발달하기 때문에 이러한 곳은 장사가 잘되는 주 상권이 되고, 그 주변으로 상권이 확장되면서 인근이 부수 상권이 된다.

수를 역무실에 알아보면 자세히 알 수 있고, 주 고객층이 청소년층이라면 인근의 중고등학교 학생 수로 추정할 수도 있다.

이러한 상권 조사는 그렇게 어려운 것이 아니다. 상권 내 인구수, 세대수, 가족구성원 수, 주거 형태(단독주택, 아파트, 복합형) 등 상권 규모를 알아보기 위해 통계자료를 뒤져보는 노력은 기본이다. 후보지의 성별, 연령별, 시간대별, 요일별 통행객 수를 관찰하고 통행객과 통행 성격 및 통행객의 수준을 파악하여 상권이 주간상권, 야간상권, 고정상권, 유동상권 중 어떤 형태를 가질 것인지도 판단해야 한다.

또한 예상되는 경쟁 식당의 이용객 수, 계층, 가격대, 매장 콘셉트 등을 파악하고 향후 주변 상권의 확대 또는 축소 가능성을 생각해봐야 할 것이다. 참고로 여성보다 남성이, 자녀가 있는 가정보다 미혼이나 신혼부부가, 일반 가정보다 맞벌이 부부가, 노년층보다는 청년층이 외식을 더 자주 한다는 것을 기억해두자.

유동인구가 많은 곳을 중심으로 상권이 발달하기 때문에 이러한 곳은 주 상권이 되며, 상권이 확장되면서 인근이 부수 상권이 된다. 유동인구가 많은 주 상권에서 상품에 대해 좀 더 신경을 쓴다면 당연히 많은 고객을 불러들일 수 있다. 반면 유동인구가 적은 곳은 고객 확보에 많은 노력을 해야 하는 불리한 점이 있으나, 점포 임차보증금이나 권리금이 싼 장점도 있을 것이다. 유동인구를 조사하기 위해 무작정 점포 앞에 서서 지나다니는 사람들만 보고 있을 것이 아니라, 유동인구 조사표를 작성하여 철저한 준비와 계획을 가지고 해야 한다.

식당이 위치할 지역의 유동인구 조사는 업소의 경영 성패를 좌우하는 매우 중요한 요소인데, 유동인구의 크기뿐만 아니라 흐름 또한 중요하다. 유동인구와 흐름에 관한 자료를 수집하는 기본적인 방법은 그 위치의 특성을 직접 관찰하는 것이다. 즉 특정 위치를 지나는 통행인과 차량의 수를 확인하고 이를 상, 중, 하의 단계로 분류한다. 이러한 관찰법은 영업시간대별(아침, 점심, 저녁 등)로 조사함으로써 그 완성도를 높일 수 있다.

식당 타입별 주요 입지와 외관

식당의 위치는 식당의 성공과 실패를 좌우하는 제1요소이다. 식당이 성공하기 위한 세 가지 요소를 들라고 하면 제1순위도 '입지', 제2순위도 '입지', 제3순위도 '입지' 라고 말한다. 외식업과 관련된 입지에 대한 사항은 방대하므로 여기에서는 식당 타입별로 주요 입지의 특성을 간략하게 살펴보도록 하자.

식당 타입 – 주요 특성

☑ 대형 패스트푸드 식당
- 회전율을 높이고 테이크아웃 매출을 극대화하기 위해 번화가 중심 지역에 위치
- 특히 큰 사거리 교차로에 위치하는 것이 바람직함

☑ 중형 프랜차이즈 또는 패스트푸드 식당
- 상업 지역과 주거 지역을 잇는 주요 도로변에 위치
- 적정 매출을 올리기 위해서는 영업시간을 늘리는 것이 바람직함

☑ 체인 식당
- 패밀리 고객 또는 비즈니스 고객을 위해 대형 상업지구, 즉 백화점이나 쇼핑몰 주변에 위치
- 도보나 차로 이동하는 사람들의 눈에 띄기 쉬운 중심 도로변에 위치하고, 인지도를 높이기 위해 건물 디자인도 중요

- 주차장 편의시설은 필수

☑ **호텔 식당**

- 호텔 메인로비 또는 주변 거리와 연결
- 눈에 잘 띄는 출입구
- 2~3층 또는 그 밖의 고층에 위치할 경우, 엘리베이터나 에스컬레이터에 바로 연결될 수 있도록 함

☑ **쇼핑몰, 대형 건물 또는 테마파크 식당**

- 주변 전망을 내려다볼 수 있는 위치
- 외관 및 내관이 훌륭한 건축구조물 주변에 있는 것이 바람직함
- 스낵, 패스트푸드, 테이블 서비스 등 멀티플 아웃렛Multiple Outlet을 고객들이 요구
- 피크 타임 때의 고객 동선 흐름이 위치 선정할 때 가장 중요
- 물품 반입 및 반출 관련 시설에 접근하기 쉬워야 함

☑ **일반 소규모 식당, 비스트로, 펍**

- 고객 유입을 위해 주변 식당과 차별화된 독특한 출입구 디자인
- 점심시간대 고객을 유도하기 위해 배너, 간판 등 각종 장치물 설치
- 비스트로 및 펍의 경우, 분리된 바bar 공간 필요

건물의 외관은 잠재적인 고객에게 식당의 존재를 인식시키고 방문을 유도한다는 점에서 입지만큼이나 중요한 역할을 담당하고 있는 부분이다. 식당의 팔고자 하는 상품과 관련된 메시지를 직접적으로 고객에게 전달하는 기능도 갖고 있다. 따라서 건물의 외관은 고객이 인지하기 쉽고, 호기심을 불러일으키며, 식당의 특성을 나타내야 한다. 또한 건물의 외관을 보며 식당의 수준을 파악할 수 있어야 한다.

식당 형태별로 외관의 중요성을 살펴보자.

식당 타입 – 외관 특성

☑ 고급식당
- 메뉴와 연관성 있게 매우 독특하고 고급스럽고 클래식해야 함
- 고객의 프라이버시를 위해 내부를 볼 수 없게 한 구조라면 판매 메뉴를 알리는 메뉴 스탠드가 식당 앞에 있어야 함
- 발레파킹 또는 안내 종업원이 대기하고 있어야 함

☑ 대중식당 또는 커피숍
- 유리창을 크게 설치해 이용하는 고객 부류, 인테리어 및 내부 분위기를 볼 수 있게 해야 함

☑ 패스트푸드 식당
- 외관은 크고 오픈 형태
- 입구에서 바로 서비스 카운터와 판매 메뉴를 생생하게 볼 수 있게끔 하여 구매의욕을 고취시킴

☑ 체인 식당
- 식당이 갖고 있는 고유의 브랜드 이미지와 인지도를 알리기 위해 스타일과 그래픽을 중요한 요소로 활용
- 브랜드 이미지는 식당의 모든 요소, 외관의 창문, 현관, 사인뿐만 아니라 인테리어, 메뉴, 종업원 유니폼 등에 일관성 있게 표현해야 함

실전 컨설팅

지하 매장, 입지의 불리함 극복이 관건

　교대전철역 인근 빌딩 지하에서 50평 규모의 치킨호프전문점을 운영하는 이 씨. 지인들은 지하 매장의 경우 주점 창업으로 알맞지 않다고 지적했지만, 이 씨는 10년 동안 매장을 운영해온 경험을 통해 입지에 상관없이 성공할 거라 믿고 창업했다. 다른 치킨전문점보다 맛있는 치킨을 낸다면 성공하는 것은 어렵지 않다고 생각했다. 맛 외에 인테리

입지 선정 **77**

어에도 신경을 써서 어두침침한 주점 이미지를 버리고 카페 풍으로 꾸몄다.

하지만 오픈한 지 10개월이 지난 뒤 이 씨는 성공할 자신이 없어졌다. 50평 규모의 매장을 꾸미는 데 1억 4,000만 원을 투자했는데, 현재 하루 평균 매출은 30~40만 원 정도이다. 휴일에는 매장 문을 닫기 때문에 6일만 영업하는지라 평일 매출 향상이 절실한 상황이다. 매장의 운영시간은 오후 5시부터 새벽 1시까지. 매장 주변에 100곳 이상의 주점이 경쟁하고 있어 매출 향상이 막막한 이 씨는 컨설팅의 문을 두드렸다.

 **컨설팅**

| 지하 매장의 한계를 극복하라!
매출과 점포 임대료는 비례한다는 것이 상식이다. 임대료가 비싼 만큼 높은 매출이 보장된다는 생각에 A급지를 선호하지만, 역발상으로 이 씨처럼 비교적 점포비가 저렴한 매장에서 대박을 터뜨리기를 기대하기도 한다.
하지만 이 씨 매장은 개설비 부담을 줄이기 위해 지하 매장을 선택하여 어려움을 겪고 있다. 이 씨의 경우, 현재 홍보물 설치 및 전단지 홍보를 전혀 하지 않은 상태라 이를 통해 매출을 증진할 수 있다.

| 판매 방식을 다양화해 매출을 높여라!
이 씨 매장의 매출은 100% 홀 영업에서 나온다. 이런 경우 홍보만 잘하면 일정 수준 매출을 높일 수 있지만 역시 한계 상황을 맞게 된다. 치킨은 홀 판매와 배달, 테이크아웃이 모두 가능한 메뉴라는 장점이 있다. 배달 가능 전단지를 주변 1~2㎞ 상권에 홍보하고, 쿠폰제를 시행하는 것이 좋다.
테이크아웃의 경우 2,000~3,000원 할인된 가격으로 판매하여 주목을 끄는 것도 중요하다. 홀에서 맛본 치킨에 만족한 고객은 자연스럽게 테이크아웃으로 몰리기 마련이다. 현재 치킨 메뉴에만 집중된 메뉴판에 샐러드 등 여성을 공략할 수 있는 메뉴를 추가하는 것도 재방문을 유도하는 방법이다.

PART 4

인테리어

작은 매장을 연출할 때 고려할 점은 고객이 바깥에서 봤을 때 매장에서 무엇을 판매하는지 명확하게 알 수 있어야 한다는 것이다. 눈에 띄는 개성 있고 큰 간판을 효과적으로 배치하면 좋다.

운영 콘셉트와 이미지를 차별화하자

식당을 운영하고자 하는 사람이 어떤 형태의 콘셉트로 운영해야 할지 모른다면 성공으로의 길을 포기한 것이나 다름없다. 외식업에서의 콘셉트 개발은 어느 특정 지역에 식당을 운영한다는 전제하에 최대한의 이익을 창출하기 위해서 메뉴를 계획하고, 식당 분위기를 연출하며, 음식을 서비스하는 방식을 결정하는 것이라 할 수 있다. 규모가 큰 외식업체인 경우에는 회사가 성장하기 위한 미래 전략과 전술, 투자액 산출 등 기획과 재무 부문을 콘셉트 개발에 포함하기도 한다.

'분위기'라는 것은 한마디로 정의하기 어렵다. 객석 홀의 내부 장식 디자인을 분위기 조성이라고 하는 사람도 있지만, 그러한 사람은 대개 디자인 편중에 기울어져 있다. 분명히 인테리어 디자인은 식당의 분위기를 형성하는 중요한 요소이고, 또 사실 그 디자인에 의해 분위기는 어느 정도 잡힌다.

    동시에 인테리어 디자인은 다른 식당과의 차이를 나타내는 차별화의 중요한 방법이기도 하다. 그러나 디자인이 뛰어나다고 해서 바로 좋은 분위기의 식당이 되지는 않는다. 오히려 디자인은 매우 잘되어 있는데도 인사치레 말로도 분위기가 좋다고 할 수 없는 식당이 많다.

    이처럼 식당이 가져야 할 분위기를 정의 내리기 어려운 것은 그것이 매우 감각적이기 때문이다. 물론 그런 것은 대부분의 사람들이 알고 있다. 평소부터 이 식당은 좋은 분위기라든가, 저 식당의 분위기는 최악이었다고 느끼고 있을 것이다. 그것을 정확한 말로 표현할 수 없어도 별지장은 없다. 그것은 그 방면의 프로에게 맡겨두면 된다.

    그러나 식당으로서의 좋은 분위기가 어떠한 것인가를 파악했다면 그 경험을 이 식당에서 살리지 않으면 안 된다. 혹시라도 자신의 식당 분위기에 문제가 있다면 그것은 경영자인 당신의 책임이다. 식당의 분위기는 거기에서 일하는 사람들에게는 공기와 같은 것이다. 따라서 바쁜 매일의 영업 속에서 그만 그 질을 되돌아보는 것을 소홀히 하기 쉽다. 그러나 공기와 같은 것이기 때문에 고객은 민감하게 반응한다는 것을 잊어서는 안 된다.

    미국에서 가장 유명한 외식업 경영인 중의 한 사람이었던 데이브 토머스Dave Thomas는 KFC 창업자 커널 샌더스Colonel Sanders와 함께 치킨 프랜차이즈 영업을 위해 1950년대 중반에 미국 전역을 두루 여행하면서 패스트푸드 및 식당 체인의 콘셉트 설정에 대해 많은 것을 배웠다고 이야기한 적이 있다. 그의 생각은 후에 KFC와 웬디스Wendy's 성공에

패스트푸드 체인점 웬디스는 데이브 토머스가 1969년 미국 오하이오 주에 최초로 설립했다. 심플하고 명쾌한 콘셉트로 차별화를 시도한 웬디스는 글로벌 패스트푸드 체인점으로 성장했다.

밑거름이 되었고, 지금은 체인 식당 및 패스트푸드 콘셉트 설정의 교본처럼 여겨지고 있다.

그가 생각했던 웬디스의 콘셉트는 '남들보다 더 큰 햄버거에 내용물은 풍부히', '메뉴 수는 대폭 줄이되 제공되는 메뉴는 항상 뛰어난 맛을 유지할 것', '경쟁자와 다른 식당 이미지를 창출할 것' 등이다. 이런 기본적인 관점에서 출발하여 웬디스는 당시 다른 햄버거 식당과는 다른 차별화를 시도했다. 복고풍의 식당 테마, 카펫 깔린 바닥, 셀프서비스이지만 종업원들이 테이블을 항상 깨끗이 치우고, 아이들뿐만 아니라 성인들에게 집중적인 마케팅을 실시하며, 경쟁사보다 더 큰 햄버거를 더 싼값에 제공하는 것이었다.

이런 단순하고 명쾌한 콘셉트로 출발하여 웬디스는 현재 미국 내에서 4,000개 이상의 햄버거 레스토랑을 운영하고 있으며, 고객 만족도가 가장 높은 햄버거 패스트푸드 체인이 되었다. 웬디스의 사례를 가지고 패스트푸드의 콘셉트를 정의한다면 다음과 같다.

 패스트푸드의 콘셉트

- 제한된 메뉴
- 강력한 마케팅 전략
- 고객을 유인할 만한 시설 및 데커레이션
- 이익을 극대화하기 위한 내부 관리 능력
- 균질한 품질을 유지하기 위한 프로세스
- 지속적인 시장 확대

이렇게 훌륭한 외식업 콘셉트 설정 및 영업을 위해서는 'Menu(메뉴)', 'Market(목표시장)', 'Money(자금)', 'Management(경영 능력)', 'Method of Execution(실행 방법)' 등 5M이 중요하다.

첫째, 외식업 콘셉트 및 영업에서 메뉴의 중요성은 두말할 나위가 없다. 메뉴는 외식업 콘셉트와 영업 성공의 성패를 쥐고 있는 제1요소이기 때문이다.

둘째, 기업이나 개인이나 마켓 설정과 관련해서 공통적으로 저지르는 실수는 마켓 조사를 성실히 하고도 얻어진 결과를 기본으로 마케팅을 실행하지 않는 것이다. 정확한 데이터를 산출한다 할지라도 직관과 경험에 따라 결정을 내리는 우를 범하곤 한다. 따라서 외식업을 하기 위해서는 어떤 마켓을 대상으로 영업하려고 하는가, 매출과 이익을 창출할 만한 적정 규모의 시장인가, 타깃 마켓이 원하는 메뉴는 무엇인가, 어떤 차별적인 요소를 부각시켜 고객들의 재방문을 유도할 것인가 등을 고민해야 한다.

셋째, 식당을 오픈하거나 운영하기 위해서는 기획 비용, 건물 건축 및 리뉴얼, 조리기구 및 기계, 식기 및 집기, 유텐실utensil, 가구 및 각종 비품류, 데커레이션, 영업 운전 비용 등에 소요될 자금이 필요하다. 식당의 콘셉트에 따라 필요자금의 차이가 하늘과 땅만큼이나 될 수 있으므로 자금 부분도 콘셉트 설정 및 영업 계획에 반영해야 한다.

넷째, 작은 식당에서는 창업자의 성향에 따라 영업이 진행되지만 일정 규모 이상의 외식기업에서는 팀 단위로 운영된다. 이 경우, 영업 정책은 매뉴얼의 형태로 쓰이고 공유되어야 한다. 외식업에서 훌륭한 경영 능력으로는 뛰어난 커뮤니케이션 능력, 강력한 조정 능력, 종업원들과의 견고한 인간관계, 뚜렷한 경영 철학, 확실한 업무 지침 등을 들 수 있다.

마지막으로, 현실적으로 영업을 진행하기 위해서는 어떻게 음식을 생산할 것인가, 그리고 어떻게 시스템과 인력을 통제할 것인가에 대한 콘셉트를 명확히 해야 한다. 예를 들자면 전통적인 방법으로 싱싱한 식자재를 전처리하여 조리할 것인가, 아니면 외부에서 반제품 또는 완제품을 구매할 것인가 하는 판단은 주방의 전체 공간 또는 저장고, 냉동·냉장 공간을 결정짓는 중요한 요소이다.

그리고 주방 인력의 수나 능력도 주방 생산 방법을 결정짓는 주요 요인이다. 또 종업원 스케줄, 식당 운영시간, 인력 배치, 종업원 복리후생, 종업원 숙련도, 종업원 관리 감독 체계 등을 결정해야 한다.

패스트푸드의 경우, 시간 단위의 비숙련 파트타이머 인력 체계로 구성되어 낮은 인건비로 운영되는 콘셉트이다. 영업이 극도로 붐비는 시간에는 파트타이머 대다수를 투입한다. 그러므로 매니저와 슈퍼바이저를 제외하곤, 전통적인 9시간 근무 패턴은 패스트푸드업에서는 찾아보기 힘들다. 또한 파트타이머를 배치함으로써 종업원 복리후생과 관련된 경비를 낮추기도 한다. 어떻게 파트타이머를 채용하고, 배치하고, 스케줄을 관리할 것인가는 패스트푸드업에서 콘셉트 결정 및 운영 방향을 설정하는 데 중요한 관건이라 할 수 있다.

작은 매장 인테리어

　창업할 때 매장을 인테리어 하는 방법은 두 가지이다. 인테리어 업체에 전적으로 맡기는 것과 직접 인테리어를 시공하는 것이다. 전자보다 후자가 인테리어 비용은 절약할 수 있지만, 창업자가 직접 인테리어를 하려면 전체 공정을 잘 알고 있어야 한다. 창업자금이 넉넉하지 않을 때에는 불가피하게 직접 시공을 선택해야 하는데 몇 가지 고려할 점을 짚어보자.

　우선, 매장 전면 연출에 대해 살펴보자. 작은 매장은 매장 면적이 좁고, 입구 역시 좁다. 하지만 매장 입구는 고객의 입점률을 높이는 데 비중이 크므로 가능하면 손님들이 들어오기 쉽게 최대한 넓혀야 한다. 가로 길이가 좁은 매장이라 어쩔 수 없이 출입구 면적 또한 좁아질 수밖에 없다면, 벽을 탁 트인 유리로 처리해 상대적으로 출입구가 넓어 보이는 효과를 얻도록 한다.

출입문 재질은 업종 성격에 따라서 결정한다. 예를 들어 소자본으로 창업할 때에는 비교적 저렴한 제품을 판매하는 게 일반적이므로 출입문의 소재를 가벼운 것으로 사용해 출입이 자유롭도록 하고, 비용까지 절감한다.

매장 전면을 연출할 때 또 한 가지 고려할 점은 고객이 바깥에서 봤을 때 매장에서 무엇을 판매하는지 명확하게 알 수 있어야 한다는 것이다. 매장 내부가 밖에서도 훤히 보이도록 한다든지, 눈에 띄는 개성 있고 큰 간판을 효과적으로 배치하면 좋다.

한편 점포 인테리어를 할 때에는 주변 상권과의 조화까지 고려해야 한다. 개성 있는 인테리어를 연출하되, 주변 생활 수준이나 유동인구의 수준을 무시하고 너무 튀는 인테리어를 시공하는 것은 매출 향상에 바람직하지 않다.

전면 인테리어가 고객 입점률을 높인다면, 매장 내부 인테리어는 일단 매장에 들어온 고객이 매장 내에 머무는 시간과 실제 구매율에 영향을 미친다. 매장 전면에 매력을 느껴 매장 안에 들어왔어도, 레이아웃이나 조명, 내부 색상, 음악 등 분위기 연출이 고객을 만족시키지 못하면 고객은 다시 매장을 방문하지 않아 고매출은 불가능하다.

컬러는 주 고객층에게 맞추는 것이 좋다. 가령 주 고객층이 젊다면 밝고 환한 색상으로 세련된 분위기를 연출하고, 40대 중년층이 주요 고객이라면 전통적인 컬러로 편안함을 준다.

조명은 크게 드러나지 않으면서 매장의 분위기를 살리는 데 큰 몫

규모가 크지 않은 매장은 주변 상권과의 조화를 고려해야 한다. 따라서 너무 튀는 인테리어는 매출 향상에 바람직하지 않다. 무엇보다 매장에서 무엇을 판매하는지 명확히 알 수 있도록 하는 것이 중요하다.

매장의 조명, 컬러, 음악 등 분위기 연출 또한 인테리어의 중요한 요소이다. 컬러는 주 고객층에게 맞추는데, 젊은 층이 주로 방문한다면 밝고 환한 색상으로 세련된 분위기를 연출하는 것이 좋다.

을 한다. 시공업자와 상담하기 전에 먼저 조명 전문상가에 들러 다양한 종류의 조명 특성과 가격, 전기료까지 미리 알아두고, 유사 점포를 방문해 어떤 조명이 고객들에게 좋은 반응을 얻는지도 미리 조사하는 것이 좋다.

매장의 모든 것
'간판' 전략

간판은 매장의 상징이며 이름표이다. 또한 매장을 고객에게 알리는 상징물로서 중요한 의미를 갖는다. 요즘은 개성이 중시되면서 간판도 무한 변신하고 있다. 최근 간판들은 전형적인 직사각형을 벗어나서 재미와 흥미를 끄는 등 개성을 중시한다. 예전 간판이 단순히 매장의 이름표에 불과했다면, 최근에는 이름표를 넘어서 명함의 역할을 하고 있다고 평가된다.

간판은 소재와 부착하는 위치에 따라서 여러 종류로 나뉜다. 먼저 부착하는 곳에 따라 전면간판, 돌출간판, 입간판, 지주간판 등이 있다. 전면간판은 건물 전면에 부착하는 간판으로 약 4m 크기가 가장 일반적이며, 간판을 붙이는 곳은 간판 부착부의 80%가 허용된다. 건물 모서리 부분에 부착하는 세로형 양면 간판은 돌출간판이고, 건물 입구에 세워진 양면 세로형 간판은 지주간판이다. 대형 건물인 경우 단독 지주간판을 부착하기도 하고, 여러 매장을 알리기 위한 합동 지주간판도 있다.

간판은 소재에 따라 구분하기도 한다. 1970년대에는 아크릴 간판이 등장해 발전했다. 아크릴은 가벼우면서 가공하기 쉬워 거의 모든 간판의 소재가 되었다. 1980년대에 접어들면서 파나플렉스를 이용한 플렉스 간판이 등장했는데, 아크릴이나 금속제 간판에 비해 다양한 색상을 표현할 수 있어 각광받았다. 최근에는 LED, 레이저 등을 이용한 간판부터 나무, 돌, 금속 등 전통적인 소재를 사용한 간판까지 다양하다.

최근 음식점들은 간판에 다양한 문구를 넣어 예쁘게 꾸미고 있는데, 고객에게 매장을 알리려는 목적이 가장 크다. 매장에 대한 정확한 정보를 소비자에게 제공해 방문을 유도해야 좋은 간판이다. 특히 간판 속에 사업 내용과 콘셉트를 담아서 애매한 것을 싫어하는 고객의 마음을 사로잡는 것이 중요하다.

2008년부터는 간판에 관한 법률이 새로 규정되어 설치할 때 참고해야 한다. 서울도 구마다 간판 설치 규정이 다르기 때문에 해당 구청에 각각 문의한 후 제작해야 한다. 최근 간판의 문제는 너무 개성만을 중시한 나머지 매장이 입점한 건물이나 주변 환경과의 조화를 전혀 고려하지 않는 점이다. 이에 따라 정부와 각 지자체에서는 간판 규제에 나서고 있고, 아름다운 거리 만들기 등의 캠페인을 펼치고 있다. 예를 들어 간판의 50% 이상에 붉은색과 검정색을 사용하지 못하게 하고, 건물과 조화를 이루지 못하는 대형 간판 등은 규제하고 있다.

간판은 무조건 크면 좋다는 인식도 점차 개선되어야 한다. 서울 거리의 보도 폭은 평균 3m여서 간판이 너무 크면 보행자가 한눈에 파악하기 어렵다. 가로 간판은 폭이 60㎝ 정도로 벽면 절반 이하, 돌출간판의 폭은 40~50㎝ 정도가 적당하다.

글씨체는 간판 면적의 절반을 넘지 않도록 하고, 매장명의 크기가 10이라면 전화번호는 2 정도의 비율로 맞추는 게 좋다. 글씨와 함께 애니메이션을 넣으면 가시성과 정보 제공 효과를 높일 수 있다.

간판 관리는 크게 청소와 손실된 간판 수리로 나뉜다. 최근 도시 공기가 나빠지면서 1년만 넘어도 간판에 먼지가 가득해진다. 따라서 비가 오면 간판에 낀 불순물이 고객들에게 떨어지므로 6개월마다 1회씩 간판을 청소해야 한다.

서비스 형태에 따른 레이아웃 특성

서비스 형태에 따라 홀 레이아웃은 각각의 특성을 가지고 있다.

셀프서비스 식당

홀 레이아웃(평면계획)에서 보통 테이블 및 의자는 규칙적으로 배열되어 있으며, 고객 흐름을 원활히 하기 위해 통로를 아주 넓게 계획한다. 테이블 배치는 스퀘어 배치를 원칙으로 하나, 재미와 흥미를 주기 위해 대각선으로 배치하거나 부스를 배열하기도 한다. 종업원이 고객에게 정보를 전달하는 것이 제한되어 있기 때문에 입구, 주문, 쟁반, 빨대 등 식당 내 시설과 메뉴를 고객들이 쉽게 파악할 수 있도록 사인물을 주의 깊게 배치해야 한다. 부가 반찬, 냅킨, 설탕, 프림, 케첩 등을 셀프로 가져갈 수 있는 배치 계획도 고려해야 한다.

테이블 서비스 식당은 고객이 이동하는 동선과 종업원의 동선이 겹치지 않도록 출입구, 서비스 스테이션, 음료 디스펜서 공간을 각각 분리하여 배치하는 것이 좋다.

테이블 서비스 식당

융통성 있고 독특한 테이블 배치, 다양한 크기와 모양의 의자 배치가 가능해야 한다. 고객 동선과 종업원 동선이 겹치지 않도록 출입구, 서비스 스테이션, 음료 디스펜서 공간을 각각 분리하며, 서비스 동선의 시작과 끝을 확보하여 병목 현상으로 종업원끼리 부딪치거나 혼잡해지는 것을 방지하고 사고의 위험을 피하도록 주의해야 한다. 또한 트롤리 및 기타 홀 기구들을 사용하지 않을 때에는 고객들 눈에 보이지 않도록 보관할 수 있는 공간을 마련해야 한다.

카운터 서비스 식당은 팔걸이가 없는 1인용 의자를 여러 개 놓을 수 있는 카운터를 설치하여 공간 효율을 꾀하고, 보조 테이블을 확보하여 고객의 수에 따라 탄력적으로 활용하면 좋다.

카운터 서비스 식당

카운터 서비스 식당 내의 카운터는 테이블 서비스 식당보다 훨씬 많은 공간을 차지한다. 따라서 좌석 배치도 카운터 반대편 한쪽에만 치중될 수밖에 없다. 좌석 공간을 더욱 확보하기 위해서는 면 주변에 등받이와 팔걸이가 없는 1인용 의자(스툴)를 여러 개 놓을 수 있는 카운터를 설치하여 공간 효율을 꾀하고, 보조 테이블을 확보하여 고객의 수에 따라 좌석 수를 탄력적으로 늘리며, 샌드위치나 스낵과 같은 간편 메뉴는 고객들이 서서 음식을 먹을 수 있는 스탠딩 카운터를 배치한다.

분위기와 테이블 세팅

분위기는 식당의 전반적인 무드와 색조(tone)를 의미한다. 훌륭한 음식이 식당의 성공에 중요한 요소이지만, 최근에는 고객들이 음식을 들면서 내부 분위기를 체험하고 식당 내에서 특별한 즐거움을 경험하는 것을 점점 중시하고 있어 내부 분위기 창출은 간과해서는 안 될 요소이다.

먹는다(eat)와 식사한다(dine)는 분명한 차이점을 내포하고 있다. '먹는다'는 고객들의 주요 관심사가 음식 그 자체이고 본능을 해결하는 육체적 욕구의 의미라면, '식사한다'는 육체적인 욕구뿐만 아니라 식사 경험을 중요시하는 정신적 욕구의 의미도 내포하고 있다. 그러므로 식당 분위기 창출은 고객의 정신적 욕구를 충족시키는 시각, 청각, 후각, 촉각, 온도, 움직임을 총체적으로 조합하는 것이라 정의할 수 있다.

테이블 세팅은 고객들이 식당에 대한 첫인상을 결정짓는 중요한 요소 중의 하나이므로 식당 분위기와 격식에 맞게 조화를 이루어야 한다.

　　테이블 세팅은 고객들이 식당에 대한 첫인상을 결정짓는 중요한 요소 중의 하나이다. 그러므로 식당 분위기가 격식을 갖추었는지(formal) 갖추지 않았는지(informal), 고가인지(expensive) 경제적인 가격대인지(economical)에 따라 철저하게 조화를 이루어야 한다.

　　테이블 세팅 구성은 디너웨어dinnerware, 글라스웨어glassware, 플랫웨어flatware, 리넨linen, 그리고 액세서리와 같은 구성요소가 매력적으로 혼합되어야 한다. 그러면 테이블 세팅과 조화를 이루어 식당 분위기를 좌우하는 주요 요소에 대해 알아보자.

　　디너웨어는 음식을 담는 접시를 의미하며, 보통 차이나웨어chinaware

라고도 한다. 단체급식 또는 저가의 대중식당에서는 파손을 방지하기 위해 플라스틱 성질의 멜라민 또는 폴리카보네이트 재질의 디너웨어를 사용한다. 디너웨어는 많은 모양, 다양한 색깔과 패턴이 있어 선택에 대한 정확한 규칙은 존재하지 않는다. 따라서 식당 분위기를 고려하여 선택하는 것이 중요하다. 예를 들어 모던한 분위기의 식당에서는 흔한 패턴의 원형보다는 절제된 색깔의 모양이 좁고 긴 타원형이나 사각형을 쓰는 것이 바람직하다. 격식 있는 고급식당의 경우에는 패밀리 레스토랑보다 가벼운 원형의 섬세한 문양이 들어가 있는 것을 쓰면 무난하다.

음식과 접시가 어우러져서 고객에게 줄 수 있는 효과에 대해서도 고려해야 한다. 무거운 디너웨어를 쓰면 음식이 많은 것처럼 보이는 심리적인 효과를 고객에게 줄 수 있다. 맥주컵도 밑바닥이 두껍고 무거운 머그잔을 쓰면 훨씬 양이 많아 보이다. 접시에 음식이 넘치면 지저분하게 느껴지고, 접시에 음식이 군데군데 흩어져 있어 빈자리가 많으면 빈약해 보인다.

또한 음식 사이즈와 접시 크기를 어떻게 조화시키느냐에 따라서 같은 음식이라도 고객이 느끼는 가치가 달라질 수 있다. 타원형의 스테이크를 타원형 접시에 놓으면 스테이크 크기를 강조하는 효과를 줄 수 있고, 생선은 생선 모양의 접시에, 디저트는 모양이 독특한 유리컵이나 접시에 놓으면 음식의 가치를 높일 수 있다.

통계상 디너웨어는 1개당 1년에 7,000번 이상 사용하고 수명 기한은 보통 3년이다. 따라서 디자인 측면뿐만 아니라 '세척 능력에 따라 위생적으로 세척할 수 있는가', '여러 번 사용하면 닳거나 깨지는 않는가', '가격은 적당한가', '쌓아놓기 쉬운가' 등을 고려해야 한다.

한편 테이블을 세팅할 때 어린아이들이 주 고객인 패밀리 레스토랑이나 패스트푸드 식당일 경우에는 테이블 위에 파손될 만한 디너웨어 세팅을 삼가야 하고, 임팩트를 줄 만한 다른 요소, 즉 재미있는 테이블 매트나 액세서리를 활용하여 분위기를 조성해야 한다.

글라스웨어는 유리, 크리스텔 등 여러 가지 재질로 만들 수 있고, 디자인이나 중량에 따라 고객에게 줄 수 있는 효과도 다양하다. 패밀리 레스토랑에서는 중량이 무거운 글라스웨어를 사용하고, 고급식당의 경우에는 두께가 얇고 가벼운 글라스웨어를 사용한다.

불규칙한 모양의 글라스는 고객들에게 좋은 효과를 줄 수 있으나 적재공간이 많이 필요하다는 단점도 있다. 와인 글라스는 와인과 음식, 식당의 성격에 따라 조화롭게 선택하고 세척과 적재에 주의를 기울여야 한다. 식당의 컬러와 조화된 파란색, 녹색 등으로 이루어진 물컵을 테이블 위에 세팅하여 고객에게 식당 이미지를 효과적으로 전달하기도 한다.

글라스웨어를 선택할 때에는 '크기, 용량, 중량이 사용하기에 편하고 고객에게 흥미를 줄 수 있는가', '식당 분위기와 조화된 디자인인가', '운반, 적재, 세척 시 파손 위험이 적은가', '추가 공급이 필요할 때 같은 모양의 글라스웨어를 즉시 확보할 수 있는가' 등의 요소를 고려해야 한다.

플랫웨어는 음식을 먹을 때 사용하는 나이프, 포크, 숟가락, 젓가락 등을 의미하며, 보통 실버와 스테인리스 스틸이 있다. 식당의 특성에

따라 나무, 상아 등의 특수 재질을 사용하기도 하는데 자동 세척이 불가능하고 항상 손으로 씻어야 하는 불편함이 있으며, 위생적으로도 문제가 발생할 수 있다.

실버 재질의 플랫웨어는 고급스러운 느낌을 고객에게 줄 수 있으나, 가격이 비싼 데다 정기적으로 광택을 내고 도금해야 하는 등 관리에 어려운 점이 많다. 기술이 발달함에 따라 스테인리스 재질의 플랫웨어도 실버웨어와 같이 장식이 다양해지고, 합금 정도(크롬 18%, 니켈 8%)에 따라 실버웨어 이상의 광택 효과와 견고성도 가질 수 있다.

식당의 분위기를 향상시킬 수 있는 리넨은 테이블클로스, 냅킨, 연회에서 쓰이는 사이드 스커팅으로 분류할 수 있다. 분위기에 따라 다양한 컬러 선택이 가능하며, 식당의 이미지를 간접적으로 표시할 수 있다. 고급식당일 경우에는 면이나 마 성분의 하얀 리넨을 사용하여 격조 있는 식당이란 이미지를 고객에게 효과적으로 전달한다.

패밀리 레스토랑의 비닐 재질로 된 원색의 체크무늬 테이블클로스는 경쾌하고 편안한 분위기를 돋우는 동시에, 쉽게 세탁이 가능하도록 한 경제적인 의미도 내포하고 있다. 서양의 대중적 식당인 비스트로는 테이블클로스 없이 종이 플레이스 매트를 사용하기도 한다.

면 재질의 냅킨을 사용할 때에는 닳거나 색이 바랜 것을 고객에게 제공하지 않도록 유지 관리해야 하며, 쉽게 오염되는 것을 방지하기 위해 컬러 재질을 사용하기도 한다. 테이블이나 접시 밑에 살짝 놓인 레이스 형태의 도일리는 식당의 앞선 감각을 고객에게 전달할 수 있는 훌륭한 도구이다. 카페테리아나 단체급식에서는 리넨 사용을 자제하는 대신에, 화려한 포마이카나 인조 대리석을 테이블 상판으로 사용함으로써 더러워지는 게 보이지 않도록 하는 경우가 많다.

리넨을 선택할 때에는 '열이나 오염에 견딜 수 있는가', '식당 콘셉트와 조화를 이루는 색깔과 모양인가', '세탁과 유지에 관련된 비용을 감당할 수 있는가', '세탁 후에 닳거나 색이 바래거나 수축되지는 않는가' 등을 고려해야 한다.

대다수 식당에서 테이블 위를 텐트카드와 같은 메뉴 홍보물이나 프로모션 물품으로 장식하곤 하는데, 과연 이러한 액세서리를 테이블 위에 놓음으로써 '매출을 증대시킬 수 있는가', '분위기를 저해하는 것은 아닌가'라는 전제를 심각하게 고민해야 한다. 테이블 위에는 화병, 향초나 램프, 재떨이 등 너무나 많은 장식물들이 놓이기 때문이다. 식전에 땅콩과 같은 너트류를 작은 접시에 담아 고객에게 제공하면 음료 매출을 올릴 수 있으므로 이와 같이 매출과 직결된 액세서리를 놓는 것을 생각해야 할 것이다.

의자와 탁자를 적절히 선택, 배치하면 고객들에게 편안함을 주고 식당의 분위기도 연출할 수 있다. 의자는 몸체와 다리가 견고한 것을 선택해야 하며, 식당 콘셉트와 조화를 이루는 디자인적 요소가 가미되면 전체 분위기를 상승시킬 수 있다. 신체와 접촉하는 패브릭 부분은 공기가 통할 수 있는 비닐 재질이 실용적이고 오래 사용 가능하며 쉽게 유지, 보수할 수 있다. 또한 패브릭은 코팅이 되어 있어야 오염될 경우 세탁해도 닳지 않는다.

회전율이 높은 패스트푸드 식당은 '15분 의자(15 minute chair)'를 세팅

매장의 탁자와 의자를 잘 배치하면 고객들에게 편안함을 주는 식당 분위기를 연출할 수 있다. 식당 콘셉트와 조화를 이루는 디자인적 요소가 가미되면 전체 분위기를 상승시킬 수도 있다.

해야 한다'는 원칙이 있다. 앉은 지 15분이 지나면 불편함을 자연스럽게 느끼게 하여 이만 일어설 시간이라는 것을 은연중에 고객에게 주지시킨다는 뜻이다. 의자는 앉았다가 일어날 때 편해야 하며, 이를 위해 암체어를 사용하기도 한다. 암체어는 딱딱한 사무실 공간에 하루 종일 있는 비즈니스 고객이 많은 고급식당에서 주로 사용하나, 공간을 많이 차지하는 단점이 있다. 의자는 테이블과 조화를 이루는 방향으로 선택해야 하며, 암체어를 쓸 경우에는 암체어의 암arm이 테이블 높이보다 낮아야 한다.

테이블 선택에서 가장 중요한 점은 견고해야 한다는 것이다. 두께는 최소 3㎝ 이상은 되어야 한다. 상판 재질은 합판 위에 포마이카를 많이 사용하는데, 이는 견고하고 내구성이 좋은 장점이 있지만 고급스러워 보이지 않는다는 단점도 있다. 따라서 테이블클로스를 씌우지 않는다면 단단한 나무 재질의 상판을 쓰는 것이 바람직하다. 테이블 모양은 원형과 사각형이 가장 일반적인 형태이다. 원형 테이블은 고객들끼리 눈을 맞추기 쉬워 대화를 나누기에 적당하므로 회전율이 떨어질 위험이 있으나 객단가를 높일 수 있다. 사각형 테이블은 그 반대이다.

요즈음 많은 사람들이 부스 시팅booth seating을 선호한다. 부스는 프라이버시를 유지할 수 있어 비즈니스 미팅을 원하는 고객이나 연인들이 좋아한다. 각각의 부스는 의자와 일체형인 파티션으로 구획되어 있는 게 일반적인 형태인데, 높이는 머리 아래까지가 적당하다. 일단 앉으면 다른 부스 안쪽이 보이지 않기 때문에 자연스럽게 프라이버시를 지킬 수 있다.

분위기를 배가시키는 음악과 조명

적절한 엔터테인먼트는 고객의 즐거움을 더한층 배가시킬 수 있다. 홀 내의 엔터테인먼트는 전체적인 분위기를 만드는 데 보충적인 역할을 해야 한다. 몇몇 캐주얼 또는 테마 식당에서는 엔터테인먼트 자체가 고객을 방문케 하는 주요 원인으로 작용하는 경우도 있으나, 엔터테인먼트가 식사를 하는 본래 목적을 방해해서는 안 된다.

엔터테인먼트를 실행할 때에는 항상 이익을 염두에 두고 비용을 산출해야 한다. 엔터테인먼트 효과에 따라 얼마만큼 식당의 이익 산출에 도움이 되는지가 엔터테인먼트 요소를 가미하는 주목적이기 때문이다. 고객을 식당으로 오게 하고, 고객들이 오랫동안 머무르면서 음식과 음료를 더 소비하게 하여 추후에 재방문할 수 있도록 만드는 것이 엔터테인먼트의 주 역할이다.

엔터테인먼트는 그 시작과 종결을 시간대별로 스케줄을 명확히 하여 프로그램화해야 한다. 타이밍에 맞도록 계획된 프로그램은 고객들의 음식과 음료 매출을 높일 수 있다. 즉 사회자의 적절한 멘트, 고객 참여식 프로그램의 휴식시간, 음악 흐름의 변화에 따라 고객의 소비를 촉진시킬 수 있다. 그리고 느린 배경음악(1분간 72비트 이하)에서 식사하는 고객은 평균 56분이 걸리고, 빠른 배경음악(1분간 92비트 이상)에서 식사하는 고객은 평균 45분이 걸리므로 빠른 템포의 음악에서 고객 회전율이 높다.

종업원에 의해 주문을 받는 테이블 서비스의 경우, 음악의 템포는 고객의 메뉴 결정 속도에 큰 영향을 미치지 않는다. 그러나 셀프서비스의 경우에는 빠른 음악이 고객의 메뉴 결정 속도를 촉진시킨다. 음악의 템포는 음식 매출의 상승에 영향을 주지 않지만 음료 및 주류 매출에는 영향을 미친다. 감미로운 느린 템포의 음악은 주류 매출을 상승시키고, 주류 원가는 상대적으로 음식 원가보다 낮기 때문에 주류 매출의 상승은 식당 이익에 기여한다.

한편 조명과 관련된 전기 에너지 비용은 평균적으로 전체 에너지 비용의 10%(테이블 서비스 식당)에서 25%(패스트푸드 식당)를 차지한다. 조명은 식당 분위기를 창출하는 데 다음과 같은 도움을 준다. 첫 번째로 고객과 음식을 보기 좋게 만드는 역할을 하고, 두 번째로 종업원들이 편히 업무를 할 수 있도록 해주며, 마지막으로 고객에게 안전을 제공한다.

낮은 조도는 고객들이 오랫동안 메뉴를 보게끔 하고, 식사하는 데

매장의 조명은 고객과 음식을 보기 좋게 만드는 역할을 한다. 적절한 콘트라스트는 음식이나 사물을 돋보이게 해주고 종업원들이 실수 없이 업무를 할 수 있도록 생산성을 높여주기도 한다.

시간이 걸리게끔 유도하며, 연인 사이의 친밀감을 유발할 수 있다. 반면 높은 조도는 고객의 회전율을 높여준다.

    콘트라스트는 사물과 그 배경의 빛의 차이를 의미한다. 직접조명, 간접조명, 스포트라이팅 등으로 식당 내의 콘트라스트를 다양하게 계획할 수 있다. 직접조명은 강한 분위기를 내고, 간접조명은 부드러운 분위기를 내며, 스포트라이팅은 특정한 사람이나 사물을 강조하기 위해 사용된다.

    적절한 콘트라스트는 음식이나 사물을 돋보이게 해주고, 반사각을 줄일 경우 종업원들이 실수 없이 업무를 할 수 있도록 생산성을 높여

주기도 한다. 조명 기기에는 백열등, 형광등, 캔들라이트가 있다.

형광등은 수명과 밝기가 백열등의 10배 정도 높지만, 형광등의 컬러 스펙트럼이 음식을 맛있어 보이게 하는 빨간색과 오렌지색보다 차가운 블루나 녹색의 스펙트럼을 가지고 있기 때문에 미적인 요소를 내기는 어렵다. 반대로 백열등은 적색 계열의 스펙트럼을 가지고 있어 음식을 좀 더 자연스럽게 보이게끔 하고 밝기 조절도 가능하다. 캔들라이트는 불꽃 효과로 고객들에게 로맨틱한 분위기를 줄 수 있다.

인테리어 07

백사이드 레이아웃

식당 백사이드의 레이아웃은 서비스 형태에 따라 매우 다양하다. 백사이드의 레이아웃을 설정하기 전에 주방 작업의 전반적인 흐름을 상세히 파악하는 작업을 선행해야 한다.

식재료는 식당의 '백back'에 도착하여 조리 공간에서 조리를 한 뒤 고객이 음식을 먹는 공간인 '프런트front'로 운반되며, 남겨진 음식과 접시는 세척 공간인 '백'으로 되돌아간다. 주방은 메뉴 및 식당 콘셉트에 따라 여러 조리 섹션으로 구분되는 독특한 플로flow가 있다.

최소한도의 움직임에서 전처리, 조리, 기물 준비, 세척, 잔반 처리 등의 패턴은 메뉴 및 콘셉트에 따라 동선이 확정된다. 또 조리된 음식을 서비스 종업원이 가지고 가서 고객에게 제공하는 동선 흐름이 존재한다. 식당이 아무리 붐비더라도 조리된 음식을 고객들에게 각각 정확

주방 형태는 식당에 따라 천차만별이나 기본적으로 조리 공정을 쉽고 편하게 할 수 있어야 하며, 주방 기구가 물, 기름, 연기, 먼지 등으로 오염되지 않도록 주의해야 한다.

하게 전달할 수 있도록 주방과 홀이 연결되는 중간 기착지인 서비스 카운터 내의 동선 흐름을 간과해서는 안 된다.

각 기능별 공간 설계, 메뉴에 따른 주방 기구, 작업 플로를 확정했다면 이제 실제적으로 주방 공간에 배치시켜야 한다. 주방 형태는 식당에 따라 천차만별이나 기본적으로 준수해야 할 원칙이 있다. 첫째, 조리 공정을 쉽고 편하게 할 수 있어야 한다. 둘째, 메뉴 변경에 따라 배치도 변경할 수 있도록 탄력적이어야 한다. 셋째, 주방 기구가 물, 기름, 연기, 먼지 등으로 오염되지 않도록 주의해야 한다. 넷째, 종업원들이 안전하게 작업할 수 있어야 한다. 다섯째, 종업원의 움직임 및 식재

인테리어 113

료 운반 동선이 최소화되어야 한다.

주방 형태의 가장 기본적이고 바람직한 패턴은 일자 형태(straight line)이다. 조리 공정이 밥, 뜨거운 음식, 차가운 음식으로 나뉘어 있다고 가정할 때, 각각의 공정에 맞게 조리기구 배열을 세 가지 일자 형태 라인으로 만드는 것이다. 일자 형태는 작업 동선이 섞이는 것을 방지할 수 있으며, 조리사의 작업을 감독하고 통제하기 쉽다. 주방 공간의 제약이 있을 경우, 다음과 같이 일자 라인의 배열을 혼합하여 사용한다.

주방 배열 사이의 작업 공간(work aisle)은 주방 직원이 효율적인 동작으로 조리 작업을 쉽게 할 수 있도록 과학적으로 설계해야 한다. 이동 공간(traffic aisle)은 작업자와 물건이 이동하는 공간을 의미하며, 작업 공간에서 조리하는 직원을 방해하지 않도록 분리되어야 한다.

냉동냉장고 또는 대형 오븐의 문을 여닫을 경우를 생각해서 작업 공간을 확보해야 한다. 조리사 한 사람이 근무하기 위한 공간은 최소 600~900mm 정도이다. 두 사람이 등을 맞대고 일할 때에는 1,200~1,350mm가 필요하고, 대형 주방 기기의 문을 열 때를 감안하면 1,500mm가 확보되어야 한다. 카트나 물건을 운반하는 이동 공간과 연결되어 있을 경우에는 최소 900mm 정도의 여유 공간이 있어야 한다. 그리고 주방 기기의 높이는 850~900mm 정도는 되어야 주방 인원이 무리 없이 작업할 수 있다. 가벼운 물건을 올리는 선반의 경우에는 1,500mm 높이에 매달려 있어야 작업이 용이해진다. 작업 테이블 상단은 테이블 위에서 편히 자르고, 다듬고, 조리하고, 세척하기 위해 팔과 관련된 인간의 생체공학적인 행동반경을 염두에 두어야 한다.

자주 사용하는 대형 냉장고, 식기세척기, 오븐 등의 문을 여닫을 경우를 생각해서 주방의 작업 공간을 충분히 확보해야 한다.

검수 지역은 식재료에 대한 코스트 컨트롤(원가 관리)이 시작되는 곳이다. 육류, 엽채류, 공산품류, 음료 등을 따로 분리하여 무게를 재고, 개수를 세며, 품질을 검증하는 기능을 수행하는 지역이다. 공간을 계획할 때 검수해야 할 식재료의 양, 배송 횟수, 검수 지역과 저장 공간과의 거리 등과 같은 요소를 고려해야 한다.

검수 지역에는 식자재를 쌓을 수 있는 싱크대와 쓰레기 처리 시설이 같이 연결되어 있으면 작업 능률이 배가된다. 대형시설 검수 지역은 많은 양의 식재료가 트럭으로 운반되어오기 때문에 트럭에서 식재료를 편히 내릴 수 있게 도크dock 시설과 연결되어 있으며, 저장 지역으로 효과적으로 이동시킬 운반 기기들에 대해서도 고려해야 한다.

저장 지역은 크게 건자재 창고와 냉장·냉동 창고로 나눌 수 있다. 검수 지역과 근접할수록 효과적이며, 조리 공간과도 바로 연결되어야 한다. 저장 공간의 크기는 반입되는 식재료의 양과 재고량에 따라 결정되는데, 이것을 재고자산회전율(inventory turnover rates)이라고 한다.

건자재 창고는 선반과 랙으로 이루어져 있으며, 크기에 따라 분리하여 적재하면 공간을 효율적으로 사용할 수 있다. 냉장·냉동 창고는 일반 업소형 냉동냉장고(reach-in refrigerator)와 사람이 들어가는 대형 냉동냉장고(walk-in refrigerator)로 구분할 수 있다. 냉장·냉동 저장 시설의 크기는 직원 통로, 팬, 증발기와 같은 실외기 때문에 공간이 적게 할당되는 경우가 많으며, 이에 따라 냉장·냉동 시설이 부족하여 많은 비용을 들여서 뒤늦게 확장하는 우를 종종 범하곤 한다.

세척 공간은 홀 계획에서 보여준 것과 마찬가지로, 식사시간대별 고객 회전율에 의해 공간의 크기가 결정된다. 세척 공간 배치는 식사에 쓰인 식기가 바로 전달될 수 있는 일자 라인 형태가 가장 무난하다.

공간이 한정되어 있을 때에는 L자 형태로 배치하는 것이 효율적이다. 세척은 핸드 세척과 식기세척기를 이용한 세척이 있다. 공통적으로 잔반 털기(scrapping) → 식기 분류 및 적재(stacking) → 세척(washing) → 소독 및 건조(sanitizing & drying) → 보관(storing)의 업무 플로로 구성되어 있다. 핸드 세척의 경우, 잔반을 1차로 떨어낸 후 3조 싱크대를 사용하여 세척 → 헹굼 → 린스의 3단계를 차례차례 진행시켜야 한다.

주방 작업 환경

작업 환경이 생산성에 영향을 미친다는 것은 주지의 사실이다. 주방 내 온도는 18~21℃(겨울철에는 21~23℃), 습도는 40~60%가 최적의 조건이다. 조사에 따르면, 여름철 주방 안에 에어컨을 설치하면 작업생산성이 25% 올라간다는 보고가 있지만 에너지 비용이 많이 소요된다. 하지만 온수 및 스팀 파이프는 단열재로 마감하거나 히터, 냉장고 컴프레서, 콘덴서와 같은 실외기는 주방 외쪽에 설치하고, 주방 기기 예열을 쓸데없이 오래 하지 않으며, 퇴근 후에는 공조장치를 끄는 등의 방법으로 주방 내의 온도를 효과적으로 낮출 수 있다.

조명의 밝기는 작업장 내에서는 밝게 유지해야 하고, 형광등 불빛 아래에서는 음식의 색을 제대로 인식하지 못하므로 백열등이나 삼파장 전구 등을 사용해야 한다. 직접조명이 너무 많으면 주방 기기의 스테인리스에 반사되어 눈부심 현상을 일으킴으로써 직원의 피로도를 가중시킬 수 있다.

또 주방 내 공간은 컬러 대비가 조화를 이루어야 피로감을 덜 수 있다. 밝은 색과 어두운 색, 따뜻한 색감과 차가운 색감의 대비를 적절하게 사용해야 한다. 과도한 컬러 대비는 오히려 눈의 피로를 가중시키며, 하얀색 벽은 조명이 반사되어 눈을 더욱 피로하게 할 수 있다. 또한 주방의 각 기계에 컬러 코드를 부착하여 작업 능률의 향상과 안전을 기할 수 있다. 주의를 요하는 곳에는 노란색, 위험을 표시할 때는 빨간색을 주방 기기에 잘 볼 수 있는 크기로 부착하는 것이다.

출근한 지 2시간에서 2시간 30분까지는 작업생산성이 아주 높게 나타나지만 그 후 점심시간 이전까지 점점 떨어지고, 점심시간 후에 다시 상승했다가 오후 3~4시 이후에 다시 급감한다. 작업생산성이 낮아질 때 흥겨운 음악은 생산성을 높이는 데 훌륭한 역할을 한다.

주방 내의 불쾌한 냄새 및 기름 냄새, 습기 등은 제거해야 할 요소이다. 그러나 잘못된 공조는 찬바람을 실내에 너무 많이 공급하여 조리된 음식이 식을 염려가 있다. 공조 조절 시스템을 설치하여 직원에게 쾌적한 환경을 제공하는 동시에, 음식이 식지 않도록 배려하는 것이 좋다.

불안전한 환경은 생산성이 저하되고 안전사고 관련 비용이 증가하는 원인이다. 주방 내에서 빈번히 일어나는 사고에는 여러 가지가 있다. 바닥이 물기 또는 기름으로 오염되거나 계단 경사가 급할 때 미끄럼 사고가 발생할 수 있다. 따라서 주방화를 신고, 미끄럼 방지 테이프나 약품으로 바닥 및 계단 처리를 하며, 장기적으로 바닥은 논슬립 시공을 해야 한다. 주방 소도구류에 의해 상처를 입을 수도 있으므로 보호 장구를 착용하고 소도류의 적절한 사용법을 교육해야 한다.

화재 및 화상을 방지하기 위해 후드 및 덕트 내의 기름 청소는 정기적으로 시행하고, 온수 파이프와 스팀라인 파이프는 방열 차단을 해야 한다. 적절한 주방 기기 사용법에 대한 교육도 역시 필요하다.

감전 사고는 합선 및 전선 피복의 노화, 기구의 부적절한 전압 사용, 전기 기구의 접지 불량에 의해 발생할 수 있다. 따라서 전기 기구는 반드시 접지해야 하며, 전선 및 콘센트는 방수용으로 사용해야 한다. 작업자의 손이 기름 또는 당분으로 미끈거리거나 차가운 공기에 많이 노출되면 물건을 떨어뜨릴 수 있으므로 주의한다. 작업자는 손을 항상 건조하게 관리해야 하며, 장시간 뜨겁거나 차가운 것을 다루는 작업을 할 때에는 장갑을 착용해야 한다.

실전 컨설팅

오리전문점이야?
분식집이야?

2007년 오리주물럭정식을 판매하는 음식점을 오픈한 방 씨. 오픈 이후 1년간 높은 매출을 올렸다. 하지만 2008년부터 조류독감 여파로 매출이 하락해 고민이 시작되었다.

찌개류, 쌈밥정식, 냉면, 콩국수 등 점심 메뉴로 매출을 유지하지만, 간판 요리인 오리주물럭과 주류 판매는 부진하다. 조류독감 이후 오리주물럭 매출이 떨어질 때만 해도 일시적인 현상으로 규정했지만, 방 씨 매장 인근의 오리전문점 2곳으로 고객이 몰리면서 매출이 감소했다.

이외에도 매출 감소의 원인은 매장의 입지가 대로변에서 150m 정도 들어가는 주택가라는 점이다. '음식 맛'에 대한 입소문에 이끌려 일부러 골목 안까지 들어오게 하려면 홍보가 필요한데 홍보자금이 부족하다.

방 씨 역시 매출 감소 이후 회생을 위해 노력하고 있다. 보신탕 메뉴를 도입해 신규 고객을 끌어보기로 한 것이다. 하지만 점심 고객까지 줄어드는 등 곤혹을 겪고 3개월 후 보신탕 메뉴를 뺐다.

　이곳의 영업시간은 아침 10시부터 밤 10시까지. 밤 10시에 문을 닫는 이유는 고객이 전혀 들지 않기 때문이다. 만약 고객이 온다면 영업시간을 연장하는 것은 언제든 가능하다. 주변 빈대떡 매장에는 늦게까지 술손님이 끊이지 않고 있어 홍보 전략을 제대로 세우고 음식 맛이 안정되면 장사가 될 것이라는 희망이 있다.

　현재 매장 임대 계약을 2년 더 연장했다. 매장을 옮길까도 생각했는데, 몇 년간 장사를 해온 상권인 만큼 단골손님을 더 확보하여 매출을 향상시킬 수 있다고 믿는다. 현재 매장을 찾는 고객은 100% 단골. 오리 주물럭 불판에 투자를 많이 했기 때문에 불판을 활용할 수 있는 요리를 개발하여 내놓을 계획이다. 비용 부담 없이 매출을 높일 수 있는 방법이 절실한 상황이다.

 **컨설팅**

| **업종 알릴 수 있는 POP 필요**

오리주물럭과 훈제 등을 판매하는 오리전문점이지만 간판과 인테리어 등에서 이를 알 수가 없다. 모호한 상호 대신 '오리의진수', '오리가조아' 등 오리전문점임을 알릴 수 있는 상호로 변경하는 것이 시급하다. 상호 변경을 결정했다면 간판은 물론 POP(선전물), 매장 벽에 걸어두는 메뉴판, 매장 필름까지 함께 바꿔야 하므로 별도의 비용이 발생한다.

메뉴판에는 주 메뉴인 오리요리 항목과 술 메뉴 등 변화 없는 것만 남기고, 점심 메뉴는 수시로 제작했다가 파기할 수 있는 게시판을 만들어 별도 관리하는 게 좋다.

| **오늘의 메뉴 판매**

인근 오피스텔 고객들에게 점심식사를 해결할 수 있는 곳으로 제법 입소문이 나 있다. 하지만 너무 많은 메뉴 때문에 주방인원 1명으로는 제대로 된 서비스를 제공하기 어렵다. '오늘의 메뉴' 제도를 도입하고 여기에 고객 주문이 몰릴 수 있도록 조치하면 인건비 부담을 줄이고 고객 만족도까지 높일 수 있다.

| **업종 변경 고려**

대로가 아닌 골목 상권이어서 불리하다. 이런 곳에서 대박을 내려면 누구나 인정하는 맛집이거나 브랜드 인지도가 높아야 한다. 따라서 맛집의 음식 맛을 전수받거나, 브랜드 인지도가 높은 음식점으로 변경하는 것도 고려해봐야 한다.

PART **5**

마케팅

외식업은 결코 짧은 시간에 답이 나오는 비즈니스가 아니다.
적어도 5~10년은 지나야 비로소 경영 기반이 다져진다.
그때가 되어야 경영의 재미도 느끼고 성공의 싹도 트인다.

퍼주면 흥한다

　식당 창업을 하면 제일 먼저 망하는 직업군으로 경리, 회계, 관리, 인사 출신 순이라는 재미있는 통계가 있다. 식당은 숫자로 경영하고 종업원은 통제하는 것이 아닌데도 창업 전부터 경리 출신들은 식재료비 줄일 생각부터 하고, 인사 출신들은 근무지침서부터 만든다.
　아이러니하게도 점주가 경리, 회계보다 주방장 출신인 곳이 더 빨리 식당 문을 닫는 경우가 많다. 누구보다 메뉴 하나하나의 원재료비 구성비를 잘 알기에 고객의 만족감보다 이익구조에 더 관심이 많아 재료비를 아끼는 데 온 신경을 집중한다. 당연히 좋은 음식이 나올 리 없고 실망한 고객의 악소문이 이어져 결국 문을 닫게 된다.
　지난 20년 이상 국내에 200여 곳 이상의 본점과 체인점을 성공시킨 바르미샤브샤브n칼국수는 점포마다 고객들이 줄을 선다. 국내 최초로

바르미샤브샤브n칼국수는 샐러드바를 무한 리필로 제공하면서도 1만 원대의 저렴한 가격으로 승부해 성공을 이루었다. 식재료비 비율은 높았지만 고객 만족도는 최고였기에 가능한 결과였다.

샐러드바를 무한 리필로 제공하면서 1만 원대 가격을 받다 보니 재료비가 차지하는 비중이 40%를 넘어서지만, 밀려드는 고객들로 매출이 상승하다 보니 상대적으로 임대료, 인건비 비중이 낮아 높은 수익을 내고 가게는 문전성시를 이룬다. 매출에서 차지하는 식재료비 비율은 높지만 그만큼 고객의 만족지수도 최고치를 이루고, 인건비를 최소화한 선진화된 운영 시스템으로 전체 수익률을 높여 국내 샤브샤브 업계를 평정한 성공 사례로 꼽힌다.

또한 주방장이 갑자기 나오지 않은 어느 설렁탕집 주인이 고객들이 밀려오자 당황하여 주방에 있는 고기를 듬뿍듬뿍 담아 내놓기 시작했는데, 주방장이 있을 때보다 고객들의 만족도가 높아 국내 최고의 설렁탕 체인 본사가 되었다는 웃지 못할 이야기도 있다. 식당업은 식재료비 비율이 중요한 게 아니라 고객 만족이 우선이다. 식당도 사업이라 이익을 내지 않으면 아무 소용이 없다. 한 집 건너 식당이 즐비한 다경쟁 구도 속에서 살아남기 위해서는 재료비를 높이고 인건비와 각종 운영경비를 떨어뜨릴 수 있는 시스템 구축이 우선되어야 한다. 음식업의 본질은 음식이 맛있어야 한다는 것이다. 당장은 퍼주는 것 같지만 매출이 상승하면 오히려 이익은 더 증가한다.

국내산으로 둔갑시킨 수입 쇠고기, 신선하지 않은 채소와 저질 양념으로는 맛을 낼 수가 없다. 외식업은 진실해야 하고 진정성이 있어야 한다. 식재료비 30%, 인건비 25%를 고수하는 외식 관련 서적은 초판 발행연도가 1980년대일 정도로 잘못된 수식이다. 식재료비 40%, 인건비 15%를 유지할 수 있는 디테일한 전략이 필요하다. 고객은 그만큼 예민하고, 정직한 식당을 정확히 가려내기 때문이다. 퍼주면 흥한다.

음식업은 레저업이다

먹거리 없이 사람은 살 수 없다. 그래서 음식점을 하면 '입에 풀칠은 한다'는 얘기가 있다. 과연 그럴까.

요즘 세상엔 먹거리가 여기저기 널려 있다. 편의점을 가보자. 식사 대용의 인스턴트식품들이 즐비하다. 점심시간엔 손님들로 북적댄다. 편의점에서 파는 식품이 음식점보다 훨씬 가격도 싸고 괜찮다고 생각하는 사람들이 늘고 있다. '음식점의 최대 라이벌은 편의점'이란 얘기까지 나올 정도이다. 단순히 음식을 팔고 있다는 것만으론 안정된 생활을 누릴 수 없는 세상이 된 것이다. 그렇다고 음식 비즈니스의 매력이 완전히 가신 것은 아니다. 다만 음식업의 패러다임이 바뀐 것이다.

우선 '손님들이 음식점에서 무엇을 바랄까'를 따져보자. 필자는 '외식의 레저성'이라고 생각한다. 예전에도 밖에서 평소와는 다른 요리

최근 외식 경영의 흐름은 재미의 요소가 가미된 이테인먼트의 시대이다. 소규모 음식점들도 음식을 제공하는 방법을 특이하게 하거나 인사하는 방법을 재밌게 만들어 이테인먼트를 실현할 수 있다.

를 먹거나 술을 마시는 것이 큰 즐거움이었다. 그러나 지금은 그것만으론 부족하다. 요즘 손님들은 음식점에서 재미를 바란다. 그래서 '이테인먼트'란 말이 생겨났다. 이테인먼트는 이트eat(먹다)와 엔터테인먼트(즐거움)의 합성어이다. 외식 경영에도 '재미'라는 요소가 중요해진 것이다.

이테인먼트의 대표적인 예는 패밀리 레스토랑에서 직원들이 요란한 복장을 입고 노래를 불러주는 것이다. 소규모 음식점을 냈더라도 이테인먼트를 실현할 수 있다. 음식을 제공하는 방법을 특이하게 하거나 인사하는 방법을 재밌게 만들어보자. 그게 너무 요란하다 싶으면 음식에 색다른 장식을 하거나, 접시나 그릇에 변화를 주어 음식을 담아보자. 주방을 꽉 닫아놓지 말고 활짝 열어보자. 도마질 소리, 지글지글 끓는 소리가 고객의 입맛을 돋운다. 일본 도쿄의 유명 음식점은 주방에서 나는 소리를 스피커로 고객들에게 들려주기도 한다.

이제 음식과 술은 그 자리의 분위기를 띄우는 수단이 되었다. 이제 단지 음식을 판다고 음식점이라고 말할 수 없다. 요리를 먹고 술을 마시는 것 자체가 목적이었던 예전과는 다르다. 아직도 그런 생각을 버리지 않은 음식점 주인은 편의점과의 경쟁에서 반드시 진다. 성공하는 음식점 만들기의 첫걸음은 고객에게 즐거움을 주는 것이다.

마케팅 03

음식점을
평생직장으로

 필자는 최근 경기도의 한 삼겹살집을 컨설팅했다. 공기업 간부 출신인 남편이 부인과 함께 명예퇴직금과 아파트 담보 대출금 5억 원을 투자해 차린 곳이다. 개업 첫 달에는 손님들이 제법 많았는데 두세 달이 지나면서 뜸해지더니 결국 필자에게 컨설팅을 의뢰했다. 우선 부부의 태도를 살펴봤다.

 남편이 손님의 신발을 정리하는데 부인이 큰 목소리로 "종업원을 시키지 당신이 왜 신발까지 만지느냐"며 남편을 나무랐다. 손님이 편하게 나갈 수 있도록 가지런히 신발을 정리하는 것에 대해 자존심 상한다고 생각한다면 음식점을 차릴 것이 아니라 사람과 대면하지 않는 공장을 차려야 했다. 이들 부부는 식당을 개업하는 순간 고객 만족을 위해 모든 자존심을 버렸어야 했다. 부업이나 취미로 식당을 운영한다는 생

외식업은 짧은 기간에 답이 나오는 비즈니스가 아니다. 오랜 기간 경영 기반을 다져야 성공의 싹이 트인다. 음식점을 평생직장으로 삼아보자. 신바람 나는 가게엔 고객이 몰려온다.

각이 있었다면 처음부터 식당 문을 열어서는 안 된다. 신발 정리는 아무것도 아니다. 손님이 토한 음식물도 웃으며 닦아야 한다. 가게를 찾아준 고객에게 감사히 여기는 마음 없이는 성공할 수 없다.

외식업은 1~2년 안에 답이 나오는 비즈니스가 아니다. 적어도 5~10년은 지나야 비로소 경영 기반이 다져진다. 그때가 되어야 경영의 재미도 느끼고 성공의 싹도 트인다. 최근 미디어나 인터넷에 소개된 뒤 순식간에 소문이 돌아 북적거리는 음식점들을 제법 볼 수 있다. 그러나 손님이 몰려든다고 마냥 좋아할 수는 없다. 고객의 호기심은 오래가지 않아서 조리 실력이 없다고 느끼면 열기는 한순간에 식어버린다. 또 요식업은 유행을 탄다. 한때 인기를 끌었던 아이템이라도 얼마 안 있어 손님의 발길이 끊기기도 한다.

결국 끊임없이 노력하는 방법이 정답이다. 그러나 식당 비즈니스라는 게 결코 편하지 않다. 하루 종일 서 있고 휴일도 제대로 쉴 수 없다. 게다가 하는 일이 거의 매일 똑같다. 그래서 즐겁지 않을 수 있다.

그러나 스스로 노력한다면 쉽게 재미를 찾을 수 있다. 고객 한 사람 한 사람이 자신과 식구들의 미래와 희망이라고 생각해보자. 또 음식점을 평생직장으로 삼아보자. 그러면 마음껏 즐기려는 여유가 생긴다. 그리고 경영주와 종업원이 모두 즐거워야 한다. 그래야지 손님들에게 즐거움을 줄 수 있다. 신바람 나는 가게엔 고객이 몰린다.

적을 알아야 이길 수 있다

전쟁에서 승리하려면 적을 알아야 한다. 적의 병력 수, 적이 보유한 화력, 적의 강점과 약점, 전투 상황별 예상되는 적의 시나리오 등 한 치의 오차도 없이 면밀히 분석하고 대비해야만 전쟁에서 승리할 수 있다.

한 집 건너 한 집이 식당인 대한민국은 전 세계에서 유례를 찾아볼 수 없는 외식 전쟁터이다. 당연히 창업해서 성공하려면 나와 맞부딪힐 수 있는 상권 내 모든 경쟁 식당을 알아야 한다. 이를 통해 우리 식당에 얼마나 많은 고객이 들 것인지 가늠해볼 수 있으며, 잠재수요도 예측할 수 있다.

상권 내에서 영업 중인 경쟁 식당들의 현황을 파악해보면 수요(고객 수)에 대해 공급(식당 수)이 적정 수준인지 판단하는 데 참고가 된다. 또 벤치마킹을 통해 우리 식당의 콘셉트와 목표 고객을 설정하는 데 도움이

외식업으로 성공하려면 상권 내 경쟁 식당을 잘 파악해야 한다. 또한 벤치마킹으로 식당의 콘셉트와 목표 고객을 설정해 경쟁에서 이길 수 있는 아이디어를 만들어내야 한다.

되고, 경쟁에서 이길 수 있는 아이디어도 생각나게 한다.

보통, 경쟁 식당은 내가 식당을 차리고자 하는 곳에서 가까운 데 있거나 영업 콘셉트가 비슷한 업소를 말한다. 걸어서, 또는 차를 타고 10분 거리 안에 있는 같은 콘셉트의 식당을 경쟁자로 보면 된다. 돈가스 전문점과 철판구이전문점은 업종이 다르지만 간판이 바로 보일 정도로 가까이 있다면 경쟁관계가 된다.

경쟁 식당을 조사하려면 발품을 팔아야 한다. 우선, 경쟁자 리스트를 만든 뒤 직접 방문해 살펴봐야 한다. 특히 가장 붐비는 시간에 가는 것이 좋다. 물리적 측면과 영업적 측면을 꼼꼼하게 따지자. 물리적 측면은 입지, 가시성, 근접성, 외장, 내장 등을 말한다. 영업적 측면이란 메뉴, 가격, 서비스, 조명, 분위기, 영업시간, 좌석 수 등이다.

가능하다면 차림표를 구해서 본다. 경쟁 식당을 조사한 내용을 정리하면 창업에 아주 유용한 자료가 된다. 이 자료를 냉철하게 분석해야 한다. 영업시간대별로 경쟁 식당이 어느 정도 붐비는지, 고객이 많은 식당들의 공통점은 무엇인지 살펴본다. 물론 한산한 식당들의 공통점도 파악한다.

이렇게 하면 입지 선정, 배후 상권, 경쟁관계 등 상권 조사에 필요한 정보를 모두 얻은 셈이다. 그리고 조사 내용을 종합적으로 점검할 필요가 있다. 체크리스트는 상권의 특성, 상권 내 거주인구, 배후 상권, 가시성, 주 고객층의 소득과 소비성향, 최근 3년간 상권 내 호황업종과 불황업종, 통행량, 교통편, 지역 개발 계획 등이다. 이 모든 것을 꿰뚫으면 상권이 어떻게 달라지고 있으며 성장 또는 쇠퇴할지 예측할 수 있다. 끊임없이 묻고, 조사하고, 스스로 답하자. 만약 80점 이상의 점수를 줄 수 없다면 더 적합한 장소를 찾는 방법밖에 없다.

매출을 올리는 데 실패하는 경우

오랫동안 같은 콘셉트로 식당 영업을 지속할 때 많은 식당들이 매출 상승에 실패하는 것은 경영진이 과거와 같은 콘셉트의 식당 형태를 너무 오래 유지하고자 하기 때문이다. 다른 산업 제품이나 서비스처럼 식당업에도 라이프 사이클life cycle이 존재한다. 식당을 신규로 오픈하는 도입시기가 있고, 매출이 상승곡선을 타는 성숙기가 있으며, 차츰 성숙기에 접어들면 매출 상승이 둔화되고 감소되기 시작한다. 이 시기에 어떤 조치가 취해지지 않으면 매출이 급격히 하락하는 쇠퇴기에 접어들어 결국에는 식당 문을 닫아야 하는 것이다. 매출 상승이 둔화되거나 이익이 감소한다면 식당의 콘셉트가 성숙기에서 쇠퇴기로 넘어가는 시기라고 할 수 있다. 이 시기에 적절히 영업 콘셉트를 변경하면 쇠퇴기를 벗어나 새로운 성숙단계로 접어들 수도 있다.

도넛이나 쿠키 등 신규 메뉴를 도입해 떨어진 매출을 올리는 경우도 있다. 새로운 아이디어를 개발하는 데 필요한 창조성과 상상력이 외식업에도 필요한 것이다.

예를 들어 패스트푸드 식당의 경우 몇 년 전 매출이 급강하하는 쇠퇴기에 접어들었으나, 아침 메뉴를 개발하고 도넛이나 쿠키 등 신규 메뉴를 도입한 결과, 다시 매출이 상승했다. 양식당을 경영하는 곳에서 시장이 성숙하자 중식당이나 일식당을 새로 오픈한다든지, 국내 시장이 포화 상태에 이르자 외국 시장을 개척한다든지 하는 것도 또다시 매출을 상승시키는 좋은 예라 할 수 있다.

종종 새로운 아이디어를 개발하는 데 필요한 창조성과 상상력이 부족해서 매출이 감소할 수도 있다. 우리는 '새로운 것이 좋은 것이다(New is Good)'라는 사고방식을 가지고 있다. 점차로 현대의 고객들은 새로운 것, 새로운 메뉴, 새로운 경험을 원하고 있다.

이제 경영자들은 과거에 안주할 수 없다. 새로운 것을 열망하는 고객들의 기대에 맞춰 유연성을 키우고, 식당의 발전을 위해 지속적인 향상을 추구해야 한다. 고객들은 경제 환경의 변화에 따라 예민하게 반응한다. 경제 불황이 지속되는 경우, 고객들은 외식 소비 지출을 억제하고 따라서 식당의 매출은 감소하게 된다. 이러한 환경에서는 고객들이 가격 파괴 식당과 저가격의 메뉴를 원한다. 육식이 건강에 미치는 나쁜 영향을 다룬 방송 프로그램이 나왔을 때, 갈비집이나 불고기전문점 매출이 급격히 하락하고 쌈밥집과 같은 채식주의 식당이 번성했던 것도 같은 이유이다.

적극적인 식당 경영자는 신문과 잡지를 구독하고 주변에서 열리는 전시회나 강연회, 각종 이벤트 등에 참석하여 사회를 보는 눈을 길러나간다. 그리하여 환경 변화가 급격히 일어나기 전 이에 대비하고 자신의 식당을 변화시켜나간다. 이를 다르게 표현하면, 적극적이고 능력 있는 경영자는 식당을 단순히 운영한다기보다 계획해나간다고 할 수 있다.

경영자가 알아두어야 할 주요 불평

- 물, 물수건, 메뉴판을 늦게 제공하거나 주문 내용을 잊어버림
- 식기를 함부로 취급함
- 식기를 빨리 치우거나 너무 늦게 치움
- 요리가 너무 늦게 나오거나 동반자와 제공시간이 다름
- 주문한 요리와 다름
- 음식에 이물질이 들어감
- 음식 맛이 싱겁다, 달다, 시다 등
- 그릇에 금이 갔거나 이가 빠짐
- 샘플과 실제 요리가 다름
- 화장실, 방향제, 식기, 물수건 등의 냄새나 악취

고객이 떠나는 이유

- 아랫사람들에게 하는 말투
- 더러운 접시를 든 채 고객을 맞이하는 경우
- 고객이 먹고 있는 음식이나 음료의 이름을 모르는 경우
- 지저분한 홀과 화장실
- 음식 속에 머리카락 등의 이물질이 있을 때
- 물컵에 찍힌 선명한 립스틱 자국
- 수다 떨고 장난치고 있는 2~3명의 종업원
- 음식을 기다리는 고객에게 정확한 시간을 알려주지 않는 경우
- 고객이 전화를 걸었을 때 "잠깐만 기다리세요" 하고 마냥 고객을 기다리게 하는 경우

마케팅 06

원가를 컨트롤하는 데 실패하는 이유

식당은 대부분 작은 이윤을 가지고 영업한다. 코스트 컨트롤(원가 관리)은 적정 마진을 확보하기 위해 매우 중요하다. 외식업 영업에서 주요 코스트cost란 인건비, 식재료 원가라 할 수 있다. 이익을 창출하기 위해서는 주요 코스트에 대해 항상 주시할 필요가 있다.

인건비

높은 인건비 발생은 생산성 결여를 초래할 수 있다. 생산성 비율은 시간과 인력을 투입해서 나오는 매출 또는 이익 비율이라 할 수 있다. 보통 외식업의 생산성 비율은 다른 제조업에 비해 낮다. 미국 레스토랑 협회(NRA : National Restaurant Association) 자료에 따르면, 외식업의 생산성 비율은 제조업에 비해 50% 정도 낮은 수준이다. 고객에게 제공하는 서

높은 인건비 발생은 생산성 결여를 초래할 수 있다. 보통 외식업의 생산성 비율은 다른 제조업에 비해 낮은 편이다. 그러나 종업원의 스케줄만 효과적으로 조정·관리해도 인건비를 10~20% 줄일 수 있다.

비스가 중요한 요소라고 한다면, 종업원을 줄임으로써 매출을 올리기는 어려운 일이다. 그러나 종업원의 스케줄만 효과적으로 조정해도 인건비를 10~20% 줄일 수 있다.

원가 절감

대부분의 식당 운영자들은 매출이 떨어지기 시작하면 떨어진 매출을 보충하기 위해 광고 비용을 줄이고, 유니폼 세탁 비용을 줄이고, 더 싼 대체 식자재를 찾아 원가를 절감하려 한다. 그 결과, 불행히도 그동안 이용했던 많은 고객들이 불만을 품고 등을 돌리게 된다. 요점은 원가 절감이란 매출을 상승시키기 위해 실행해야 한다는 점이다.

식당의 코스트는 크게 고정비(fixed cost)와 변동비(variable cost)로 나눌 수 있다. 식당은 많은 비율이 고정비로 구성되어 있는데, 이 고정비는 매출이 변화함에 따라 변하지 않는 특징이 있다. 예를 들어 임차료, 보험료, 단·장기 이자 비용 등이 이에 속한다. 고정비는 고객이 한 사람 오나, 1만 명 오나 항상 일정하고 변함이 없다. 그러므로 코스트 절감이 가능한 부분은 전체 비용 중 상대적으로 작은 부분을 차지하는 변동비라 할 수 있다.

변동비는 매출이 증가함에 따라서 같이 증가하는 비용이다. 만약 당신의 식당이 손익분기점을 넘어섰을 경우라면 오직 변동비만이 발생하게 된다. 결론적으로, 어느 식당이 손익분기점을 넘어섰다면 매출이 조금만 증가하더라도 산출되는 이익은 상대적으로 놀라운 폭으로 증가한다.

물론 변동비에 대한 코스트 절감이 중요하지 않다고 이야기하는 것은 아니지만, 식당의 경영자는 변동비를 조금이라도 줄이려고 많은 시간을 보내는 것보다 어떻게 더 매출을 증가시킬까 고민하는 것이 성공의 지름길이다. 시간이 희락된다면, 더 많은 이익을 산출하기 위해 코스트 절감에 들이는 노력과 시간보다 매출을 어떻게 상승시킬까 하는 노력에 집중하는 것이 올바른 판단이다.

관리적으로 사고하라

관리적 사고를 몸에 익힌다는 것은 모든 것에서 매출을 높이기 위해 합리적으로 생각한다는 것이다. '관리'라고 하면 엄격히 감독하거나 행동을 규제한다는 의미로 받아들이는 사람이 있지만 그것은 틀린 말이다. 확실히 종업원에게 직장 규율을 지키게 하는 것은 하나의 규제이다. 그러나 규제한다고 해서 매출이 오르는 것은 아니다. 식당의 분위기를 좋게 하고 서비스 수준을 향상시켜야 비로소 규제가 의미 있는 것이다.

또 서비스를 잘하기 위해서라고 해도 인건비가 너무 많이 들면 매출의 결과로서의 이익이 날아가버린다. 따라서 항상 필요한 최소한의 적확한 인원 배치를 해야 하는데, 이를 위해서는 종업원 개개인의 능력을 향상시켜두지 않으면 안 된다. 이와 같이 항상 매출(이익의 확보)을 목적으로 생각하는 것을 관리적 사고라고 한다.

인건비 지출 비율이 높으면 매출이 많더라도 수익이 줄어들 수밖에 없다. 따라서 항상 필요한 최소한의 적확한 인원 배치를 해야 하는데, 이를 위해서는 종업원 개개인의 능력을 향상시켜두지 않으면 안 된다.

식당을 운영하기 위해서는 실제로 다양한 관리 업무가 있는데, 모두 매출을 높이기 위해 필요한 업무이다. 매출을 높인다는 동기가 빠져 있으면 소위 관리를 위한 관리로 전락해버린다. 흔히 목적과 수단을 혼동하지 말라고 한다. 경영자에게 있어 목적이란 매출을 증대시키고 그 결과로서의 이익을 확보하는 것으로, 매일의 관리 업무가 그 수단이다. 그러나 자칫하면 관리 자체가 목적이 되어버리기 쉽다. 직장 규율을 지키게 하는 것에만 신경 쓰는 경영자가 전형적인 예이다.

경영자의 일상관리 업무

👆 사람

매일 반드시 조례를 한다(종업원의 모습을 체크).

항상 종업원의 건강관리에 유의한다.

근무 스케줄에 준해 작업 할당을 한다.

종업원 편성에 따라서 적절한 인원 배치를 한다.

매출목표를 달성하기 위해 필요한 인원을 확보한다.

정리 정돈, 청결에 주의한다.

종업원 평가는 공정하게 한다.

당일의 목표를 철저히 주지시킨다.

종업원의 교육훈련(OJT)에 관심을 가진다.

고객의 불만에도 성의를 갖고 대하며 자신이 직접 대응한다.

판촉 활동을 강화한다.

종업원들과 대화를 자주 한다.

❗ 사물

재고 관리를 철저히 시행한다.

재료가 떨어지지 않게 구입 계획을 세운다.

계획적으로 재고 조사를 실시한다.

재료, 상품의 손실 원인은 그때마다 분명히 한다.

수도광열비를 낭비하지 않도록 종업원들이 절약의식을 갖게 한다.

식기 등의 파손은 최소한이 되도록 종업원을 교육한다.

식당, 설비에 대해서는 항상 청소, 손질, 보수에 유의한다.

경영자의 일상관리 업무

청결 상태를 항상 점검한다.

고객과 종업원의 안전에 주의한다.

금전

금전등록기 내의 잔돈은 정시에 체크한다.

금전 출납은 소정의 방법으로 정확하게 한다.

외상 매출이 있는 경우에는 신속히 회수한다.

매출금의 정확한 계산과 보관에 힘쓴다.

정보

월별 매출목표를 세운다.

월별 매출목표 달성 상황을 점검한다.

목표에 미달된 경우 대책을 세운다.

재료비율을 준수한다.

관리 효율을 검토한다.

이익 계획을 점검한다.

고객 수와 고객층을 검토한다.

회사에 올리는 보고(서)는 정확, 신속하게 한다.

경영자의 방침과 의향을 철저히 주지시킨다.

숫자감각을 익혀라

매출을 올리기 위해 합리적으로 생각한다고 하는 것은 모든 관리 업무를 계수감각에 의해 파악하고 실천하는 것이다. 모든 관리 업무의 결과는 숫자로 나타나기 때문이다. 얼마나 벌었나 하는 것은 얼마나 고객을 만족시켰냐는 것인데 그것은 '숫자＝매출과 이익'으로 확인할 수 있다. 이렇게 말하면 왠지 냉정하게 들리거나, 숫자에만 얽매여 인간다움이 없는 경영자의 모습이 떠오를지도 모른다. 예를 들어 종업원을 생각하는 경영자라면 어떻게든 종업원의 급료를 올려주고 싶다고 생각할 것이다. 노동시간이나 노동일수도 줄여주고 노동환경도 개선해주고 싶을 것이다. 그러나 매출이 늘어 이익이 늘어나지 않는 한 경영자는 대우 개선을 해주고 싶어도 할 수 없다.

일반적으로 식당의 매출은 경영자의 능력에 따라서 10~20%의 차

식당의 매출은 경영자의 능력에 따라서 차이가 나기 마련이다. 계수관리는 처음에는 어려워도 끈기 있게 노력하면 누구나 할 수 있는 일인데도 어렵고 서툴다며 꽁무니를 빼는 경영자가 많다.

이가 난다고 한다. 이것은 필자의 현장 경험에서도 다르지 않다고 할 수 있다. 이 정도의 차이가 있다는 것은 이론상으로는 올바른 경영자와 그렇지 않은 경영자가 운영하는 식당 간의 매출이 40% 차이가 난다는 뜻이다. 실제 이익의 차이는 더 클 것이다.

그러나 현실에서는 계수관리는 어렵고 서툴다며 꽁무니를 빼는 경영자가 많다. 확실히 경영에 관한 계수관리 기술을 모두 터득한다고 하면 정말 굉장한 일이다. 그러나 경영자가 실제로 필요로 하는 계수관리 기술은 그다지 많지 않고 실무 기술 정도로서 어려운 것도 아니다. 그것을 어렵다고 느끼는 것은 결국 익숙하지 않기 때문이다. 우선 필요한 계산은 덧셈, 뺄셈, 곱셈, 나눗셈으로 끝나므로 초등학교 산수 수준이다. 처음에는 시작하기 어려워도 끈기 있게 노력하면 누구나 할 수 있다. 웨이터 일과 마찬가지로 반복 연습이 중요한 것이다.

계수감각을 키우면 종업원 관리와 같이 직접 숫자와 관계없는 관리 사항에 대해서도 관리 정도가 훨씬 높아진다. 사물을 분석하고 합리적으로 판단한 뒤에 정확한 답안이나 대책을 이끌어내려는 논리적 사고가 몸에 갖추어지기 때문이다. 회사가 벌이가 된다는 것은 고객이 즐겁다는 뜻이다. 그것은 그 자체로 당신의 경영이 좋아지는 것이기도 하다.

이익에 관한 2개의 공식

경영자의 최종 책임은 이익목표의 달성인데, 이 이익에 대한 사고방식은 다음 2개의 식으로 나타낼 수 있다.

① 매출 – 비용 = 이익
② 이익 = 매출 – 비용

언뜻 보면 아무 차이도 없다고 생각할지 모른다. 단순한 등식의 우변과 좌변을 바꿔놓았을 뿐이다. 그러나 경영이라는 사고방식에서 보면 이 2개의 공식에는 근본적으로 차이가 있다.

①의 사고방식은 한마디로 이익이란 '매출에서 재료비와 기타 경비를 제한 나머지'라는 것이다. 소위 '결과 중시'로, 전형적인 건실하지 못한 장사 감각이다. 한편 ②에는 목표이익을 확보하기 위해서 매출

은 얼마가 필요하고, 경비는 얼마나 줄이지 않으면 안 된다는 예측이 있다. 이 예측을 계수적인 시점에서 갖는 것이 경영의 기본이다.

경영은 지출과 수입의 반복이다. 거기서 확실하게 이익을 창출해내기 위해서는 매출을 높이는 노력과 원가를 적정한 범위로 제한하기 위한 관리가 반드시 필요하다. 당신이 이번에 새로 개업하는 식당의 경영자가 된다고 가정하고 식당의 원가에 대해 생각해보자.

식당을 개점하기 위해서는 식당 물건의 보증금과 내장 공사비, 제반 설비 등의 비용이 든다. 그리고 영업을 개시하면 재료비, 인건비, 수도광열비, 면허세 등의 비용 외에 개업 비용으로 조달한 차입금의 원금 상환분도 지불하지 않으면 안 된다. 이익은 이것들의 지출을 초과하는 금액의 매출이 있어야 비로소 확보할 수 있다. 바꿔 말하면 원가 의식을 철저히 하는 게 우선이다.

앞에서도 이야기했지만 비용은 고정비와 변동비로 나뉘는데, 고정비란 글자 그대로 매출의 다소 증감에 관계없이 고정적으로 필요한 일정한 비용이다. 가령 매출이 0이라 해도 영업하고 있는 한 지불하지 않으면 안 되는 비용인 것이다. 대부분의 식당에서 대표적인 고정비는 인건비와 임차료이다. 인건비는 규정에 정해져 있는 범위 내에서 휴일이 있어도 그 일수에 관계없이 일정액을 지불하지 않으면 안 된다. 임차료도 영업일수나 시간에 관계없이 발생한다.

따라서 매출이 여의치 않을 때 고정비용은 꽤 경비 부담이 된다. 또 큰 고정비 중에 감가상각비라는 것이 있는데, 이는 식당의 설비에 필요한 비용을 법정의 내용 연수에 준해 매년 비용으로 떨어져나가는 비용

인건비에는 다양한 명목의 비용들이 포함된다. 정규 직원과 시간제 종업원의 급여와 수당, 그리고 상여금, 퇴직금, 법정 복리후생비, 교육비, 구인 비용 등도 모두 인건비에 해당한다.

이다. 내장과 설비는 몇 년에 걸쳐 사용할 수 있는 고정자산으로, 그것을 사용해 몇 년에 걸쳐 이익을 얻을 수 있다. 내장 공사와 기기를 구입한 해에 한 번에 비용 처리하는 것은 불합리하므로 사용 기간(내용 연수)으로 나누어 처리하는 것이다. 따라서 장부상에는 비용으로 처리되고 있지만 다른 비용처럼 실제로 돈이 지출되는 것은 아니다. 이미 고정자산을 취득한 때에 돈은 지불되었기 때문이다. 따라서 기업에 내부 유보된 돈이라고 하는 것이다. 실제로는 차입금의 원금 상환에 해당되는 것이 일반적이다. 이 감가상각비에 세금 공제 후 이익을 더한 금액을 현금 흐름(cash flow)이라고 부른다. 이자 비용도 매월 반드시 갚아야 하는 고정비용이다.

한편 변동비란 고정비와는 반대로 매출의 증감에 따라 지출되는 비용을 말한다. 대표적인 변동비는 재료비(음식비, 외주비도 포함)이며, 그 밖에 인건비 일부와 시간제 종업원이나 아르바이트 인건비, 제반 경비가 있다.

여기서 주목해야 하는 것은 인건비의 분해이다. 종래 인건비는 고정비로 생각되어왔지만, 그것으로는 적정한 비용 조절을 할 수 없기 때문에 최근에는 고정비와 변동비 양쪽의 성격을 모두 갖춘 준변동비로 취급하게 되었다. 예를 들어 사원 3~4인만으로 운영하고 있는 소규모 식당이라면 인건비는 거의 고정비로 취급될 수밖에 없다. 반면 종업원의 총 노동시간에서 차지하는 시간제 종업원이나 아르바이트의 노동시간 비율이 높아질수록 인건비는 준변동비 성격이 강해진다.

그런데 인건비에는 다양한 명목의 비용들이 있다. 보통 인건비라고 하면 떠오르는 것은 정규 직원들의 기본급과 수당에 시간제 종입원이나 아르바이트의 급여 정도겠지만 그 외에 상여금, 퇴직금, 법정 복리후생비, 교육비, 구인 비용도 인건비에 포함된다. 따라서 사람을 1명 쓴다는 것은 비용이 많이 드는 일이다. 특히 정규 직원의 경우에는 시간급으로 환산하면 시간제 종업원이나 아르바이트의 2~2.5배가 되는 것이 보통이다. 이러한 의미에서 인건비의 변동비화(시간제 종업원이나 아르바이트 비율을 높이는 것)는 이익을 창출하는 중요한 포인트가 된다.

관리 가능 비용 중에서 가장 큰 것이 인건비이다. 따라서 인건비에 대해 철저한 원가 의식을 갖는 것이 경영자 관리의 시작이다. 우선 고객 수에 따라 직원 수를 얼마나 정확하게 조절할 수 있는가, 그리고 직원의 총 노동시간을 얼마나 줄이고 가능한 한 시간제 종업원이나 아르바이트의 노동으로 대체해 꾸려갈 수 있도록 하는가, 즉 인건비의 변동비화야말로 경영자의 역량을 여실히 나타내는 것이다.

재료비나 수도광열비에 관해서는 주방장과 조리 담당자의 협력이 없으면 안 되지만, 비용 조절 추진의 원동력은 뭐니 뭐니 해도 경영자의 원가 의식과 리더십이다. 철저한 원가 의식을 갖는 것은 경영자 관리의 기본이라고 할 수 있다.

서비스 정신이 투철해야 한다

　서비스업이라면 고객을 소중히 하는 것은 기본이다. 그러나 이 기본을 실천한다는 것은 의외로 어렵다. 서비스업이라는 단어는 알고 있지만 그것이 실제로 어떠한 것인가는 의외로 잘 모른다.

　당신이 평소 이용하고 있는 식당의 서비스 수준을 생각해보면 금방 알 수 있을 것이다. 물론 접객 태도나 분위기가 좋아서 감탄한 식당도 있겠지만, 화가 났거나 그 정도를 넘어 아예 어이가 없었던 식당도 적지 않을 것이다.

　사실 이러한 것은 누구나 느끼고 있다. 따라서 고객은 느낀 대로 식당을 선택한다. 불쾌한 기억을 되풀이하고 싶지 않기 때문이다. 그렇다면 식당의 서비스 수준을 더 향상시키면 좋을 것이다. 그러나 현실은 그렇지 않다. 왜일까?

자신이 소중히 여겨지고 있다고 느낄 때 고객은 감동한다. 경영자는 자신이 고객이었을 때 바라던 서비스를 자신의 식당에서 고객에게 실행하고 있는가 진지하게 반성해볼 필요가 있다.

　　외식업에 종사하는 사람들이 자신이 고객의 입장에서 느낀 경험을 일에서 살리지 않고 있기 때문이다. 적어도 경영자인 당신은 자신이 고객이었을 때 '이렇게 해준다면……' 하고 생각했던 것을 자신의 식당에서 고객에게 실행하고 있는가 진지하게 반성해볼 필요가 있다. 그리고 이렇게 스스로 자각해 서비스 향상에 노력하려는 것이 서비스업의 마인드를 갖는 첫걸음이다.

　　서비스업을 한마디로 표현하면 '고객에게 봉사한다'는 것이다. 그럼 '봉사한다'는 어떠한 것일까? 식당에서의 접객 서비스를 구체적으로 생각해보자. 고객이 식당에 오면 "어서 오십시오" 인사하고, 돌아갈 때에는 "감사합니다"라고 한다. 고객을 자리에 안내하고, 물을 따르며, 주문을 받는다. 음식이 완성되면 고객 테이블까지 가져다주고, 고객이 다 먹은 그릇을 정리한다.

대략적으로 말하면 이것이 실제로 이루어지고 있는 접객 서비스이다. 문제는 과연 이것만으로 '고객에게 봉사한 것인가?' 하는 점이다. 분명 이것은 접객의 기본이다. 그러나 그 기본대로 한 것만으로는 '봉사'가 아니라는 점에 서비스업의 어려움이 있다.

자신이 소중히 여겨지고 있다고 느낄 때 고객은 감동한다. 어떻게 하면 고객이 그렇게 느끼게 할 수 있을까. 그것은 고객을 사랑해야만 가능하다. 사랑하는 사람을 위하기에 세세하게 배려하는 것이다. 가능한 한 식사를 즐겁게 했으면 하는 마음이 저절로 몸을 움직이게 한다. 이것이 '봉사한다'는 것이다. 똑같은 "어서 오십시오"라는 말도 마음이 담겨 있는 것과 그렇지 않은 것과는 전혀 느낌이 다르다. "감사합니다"도 진실로 감사의 마음이 담겨 있지 않으면 고객의 귀에는 건성으로 들릴 뿐이다.

자신의 벌이를 책임지고 있는 것은 식당이 아니라 고객이라고 생각한다면 일부러 꾸미지 않아도 자연히 말에 감사의 마음이 우러난다. 진심으로 감사받고 싫은 사람은 없다. 또 그러한 감사의 마음(고객에 대한 사랑)이 있으면 고객이 먹는 속도를 보면서 타이밍 좋게 다음 음식을 내거나, 고객의 대화를 방해할 것 같을 때에는 가능한 한 방해가 되지 않도록 주의하는 등의 세심한 배려를 할 수 있다.

고객을 감동시키는 이러한 서비스는 형식뿐인, 틀에 박힌 서비스로는 절대로 할 수 없다. 사랑하는 사람을 위해서라면 여간해서는 고생스럽지 않지만, 그렇지 않은 사람을 위해서라면 사소한 것으로도 겁쟁이가 되는 게 사람의 심리이다. 식당이 번성한다는 것은 그 식당에 QSC, 즉 상품성(quality), 서비스, 분위기(concept)의 가치가 있다는 것인데, 바꿔 말하면 많은 고객들이 식당의 사랑을 느끼고 있다는 증거이다. 따라서 필자는 식당이 번창하는 비결은 실제로는 간단한 것이라고 말하고 싶다. 고객은 사랑으로 싸여진 음식을 사러 오는 것이므로 오로지 고객을 사랑하는 것이다. 이것이 '서비스업=외식업'의 근간이다.

외식은 소비자에게 가장 친근한 레저이다. 동서고금의 진리가 되는 현상인 것이다. 단, 그 레저의 질과 내용은 크게 변해왔다. '외식업=서비스업'이라는 인식을 갖는 데에는 이것을 이해하는 것도 중요하다.

가난했던 시대에는 도저히 서비스업이라고는 할 수 없는 식당이 태반이었다. 당시의 외식업은 서비스업이라는 인식은 거의 없고 배를 채우는 업종임을 자타가 모두 인정하고 있었기 때문이다. 물론 공복을 채우는 것은 고객의 첫 번째 목적이다. 또한 평소와는 다른 음식을 먹는다는 것 자체가 가정의 대단한 축제(레저)였다. 따라서 식당은 음식이라는 것을 툭 내놓는 것만으로도 충분히 장사가 될 수 있었다.

그러나 지금은 풍요로운 시대이다. 이제 외식업은 더 이상 배를 채우는 산업이 아니라 레저 산업으로 성장하고, 소비자도 풍요로운 시대에 걸맞은 레저일 것을 기대하고 있다. 음식이란 인간 생활에서 떼려야 뗄 수 없기 때문이다. 따라서 외식업, 먹는장사가 비즈니스로서 최고로 안정적이라고 생각하는 사람이 많다. 분명히 이 생각은 어느 면에서는 틀리지 않지만, 30년 전의 발상이라는 것을 지적해두고 싶다.

현재 고객이 식당에 요구하는 풍요로움의 실감이란 여유나 즐거움이라는 정신적, 정서적인 것이다. 음식의 맛보다 중요한 것은 아니지만 맛 자체가 목적은 아니게 되었다. 즐겁고 풍요로운 시간을 보내는 것이 중요하고, 식사는 그것을 위한 상황적 성격이 강해졌다. 이것이 풍요로운 시대의 레저라는 의미이다. 레저는 생활에 없어서는 안 될 기쁨이요 즐거움이다. 외식업은 그 즐거움을 많은 사람들에게 제공하는 것이므로 가치 있는 산업이라 할 수 있다.

이러한 레저를 어떻게 고객에게 제공하는 것이 좋을까? 답은 자연히 명확해질 것이다. 음식을 제공하기만 하면 되던 시대에는 외식업에서의 일이란 음식을 파는 것으로 완결되어버렸다. 그러나 풍요로운 기분이 중시되는 요즘에는 즐길 수 있는 식당을 요구하고 있다. QSC 3요소의 균형이 중요하다는 것은 이 때문이다. 식당으로서 음식의 질이 높은 것은 당연한 것으로, 그에 덧붙여 즐거운 분위기와 그것을 연출하는 사랑을 담은 서비스가 없으면 고객은 풍요로운 기분이 될 리가 없다. 고객의 만족감이란 풍요로운 기분을 만끽할 수 있다는 것이다.

서비스업으로서의 인식을 갖는 것은 이 일을 하는 의미로 이어진다. 음식을 만들어서 팔기만 하는 업체에서는 고객의 반응을 직접 볼 수 없다. 그러나 외식업은 다르다. 고객의 반응을 직접 볼 수 있다. 정성을 다하면 만족하는 고객의 마음이 직접 전해져온다. 고객과 정감이 통하는 관계가 성립되므로 그때마다 자신의 일에 대한 충족감을 맛볼 수 있다. 말할 것도 없이 일하는 보람이란 이러한 충족감이 있어야 비로소 생기는 것이다. 분명 회사에서 평가받아 그것이 월급 인상이나 승진으로 이어진다는 즐거움도 있다. 그러나 그것은 일에 보람을 갖고 일한 결과로서 자연히 따라오는 것이다. 이 충족감의 멋짐이야말로 서비스업의 출발점이라고도 할 수 있다. 고객을 즐겁게 하는 것 자체가 자신의 즐거움이 되고, 사는 보람이 직접 자신의 풍요로운 생활로 연결된다. 이것은 외식업만의 매력인데 서비스업이기 때문에 맛볼 수 있는 묘미이다. 고객의 웃는 얼굴을 보는 것만으로도 신이 난다면 당신은 훌륭한 경영자가 될 자격이 있다.

QSC 3요소의 당연한 수준이란 그 식당의 표준이므로 실제로 경영자가 정하는 것이다. 경영자의 업무는 그 표준을 식당 내에서 실현하고 고객의 만족을 얻는 것이며, 만족하는 고객의 수를 늘린 결과가 매출 상승이다. 따라서 이 식당의 서비스가 어떠해야 할까는 이미 결정되어 있는 셈이다. 경영자는 표준대로 서비스를 행하면 된다. 그런데 이것이 말처럼 쉽지 않다. 서비스란 단순한 형태, 스타일이 아니기 때문이다.

외식업이란 음식을 통해 마음을 파는 비즈니스이다. 서비스업으로서 정신적 뒷받침인 이 '마음' 없이 단지 형식적인 서비스만을 한다면 고객에게 감동을 주지 못한다. 이 서비스업으로서의 '마음'을 경영자가 어떻게 생각하고 있는가. 이것을 제대로 이해하지 못한다면 경영자로서 실격인 것이다.

이 식당의 '마음'을 종업원에게 가르치고 철저히 하기 위해서는 무엇보다도 경영자인 당신이 서비스의 정신적 뒷받침에 대해 폭넓게 알아둘 필요가 있다. 하나의 수준을 이해한다는 것은 단순히 그 수준의 일

외식업은 음식을 통해 마음을 파는 비즈니스이다. 서비스업으로서 정신적 뒷받침인 이 '마음' 없이 단지 형식적인 서비스만을 제공해서는 고객에게 결코 감동을 주지 못한다.

을 그대로 받아들이기만 하면 된다는 것이 아니다. 그 상위 수준과 하위 수준 모두를 숙지함으로써 비로소 자신이 어떤 위치에 서 있는지 바르게 인식할 수 있다.

식당의 당연한 서비스란 말할 것도 없이 고객을 만족시키는 서비스이다. 말하는 것은 간단하지만 실천은 어렵다. 고객의 만족감이란 일정한 것이 아니기 때문이다. 개개인의 차이도 있지만 근본적으로는 고객이 식당에 기대하는 정도에 따라서 바뀌는 것이다.

예를 들어 패밀리 레스토랑에서 객단가가 10만 원 이상 되는 고급 프랑스 식당에서나 제공하는 서비스를 기대하는 고객은 거의 없다. 반대로 고급 프랑스 식당에서 패밀리 레스토랑과 같은 서비스를 받는다면 두 번 다시 그 식당을 찾지 않을 것이다. 그럼 패밀리 레스토랑은 서비스를 소홀히 해도 좋은가 하면 그런 일은 있을 수 없다. 패밀리 레스토랑의 고객도 그 이용 동기와 지출의 대가로서 충분한 서비스를 기대하고 있다.

　이와 같이 고객의 만족도는 일률적으로 정의할 수 없다. 그러나 고객의 이용 동기와 객단가에 의해 자연히 서비스 수준의 경계선이 생긴다. 즉 경계선이란 그 업태에서 최소한 꼭 해야 하는 서비스 수준이다. 따라서 식당으로서는 우선 이 경계선의 서비스를 철저히 하는 것이 기본이지만, 그것만으로 고객이 진정으로 만족한다고는 할 수 없다. 비슷한 업태의 경쟁 식당이 얼마든지 있기 때문이다. B식당에서도, C식당에서도 비슷한 서비스를 받고 있는 고객에게 경계선의 서비스는 대금의 대가로서 당연한 것밖에 안 된다. 따라서 특별히 불만은 갖지 않을지도 모르나 만족하는 것도 아니다. 만족이란 감동이기 때문이다.

　그럼 어떻게 하면 고객을 감동시킬 수 있는가? 답은 경계선을 상회하는 서비스이다. 그렇다고 어렵게 생각할 것은 아니다. 경계선의 서비스에 고객을 감동시키는 서비스를 하나 더 하면 된다. 고객은 예기치 못한 서비스를 받을 때 감동한다. 고급식당이 아닌데도 경영자가 자리까지 와서 인사하거나, 식사 후에 "맛있게 드셨습니까?"라고 말을 건네거나, 뜨거운 물수건이 한 번 더 나오면 고객은 '이 식당에 오길 잘했다'며 기분이 좋아진다. 식사라는 것은 기분에 좌우되므로 그때의 기분에 따라 맛있게도, 맛없게도 느낀다. 거기에 이러한 기대 이상의 서비스를 받으면 음식을 실제 이상으로 맛있게 느낄 것이다.

이와 같이 사소한 배려가 고객을 감동시키고, 그 만족감은 강한 인상이 되어 고객의 마음에 남는다. 고객의 기대보다 높은 서비스를 했기 때문이다. 이러한 서비스를 유념하여 실천하는 것으로 고정 고객이 늘고, 나아가 그들의 입소문이나 신규 고객의 동반을 기대할 수 있다.

서비스는 기본 서비스와 응용 서비스로 나뉜다. 기본 서비스란 어렵지도, 복잡하지도 않은 두 가지로 압축된다. 항상 웃는 얼굴, 밝고 시원시원한 태도와 접객 기본 용어이다. 이런 것은 외식업에 종사하는 사람이라면 누구나 알고 있을 것이다. 그러나 당연한 것을 실천한다는 것이 실제로는 의외로 어렵다.

예를 들어 전 종업원이 언제나 웃는 얼굴을 할 수 있는 식당은 얼마나 될까? 일단은 접객 기본 용어를 말하고 동작은 시원스러우나 마치 화난 듯한 얼굴을 하고 있거나 한다. 대개의 식당은 많은 사람들을 고용하기 때문에 개중에는 그러한 사람도 있을 것이고 하는 수 없다고 변명하지만, 서비스업으로서 그런 변명이 통할 리가 없다. 무슨 일이든 기본이 어렵다는 것은 기본에 무엇보다도 중요한 본질적 요소가 집약되어 있기 때문이다.

고객에게 언제나 웃는 얼굴을 한다는 것은 소위 형식적인 웃음의 의미가 아니다. 우선 고객에게 감사의 마음을 나타내는 것, 그리고 나서 따뜻한 마음으로부터 우러나는 서비스를 하기 위한 것이다. 서비스업의 본질은 호스피탤러티 hospitality이다. 호스피탤러티는 원래 병든 사람을 극진히 간호한다는 뜻에서 생겨난 단어이지만, 서비스의 기본은 테크닉이 아니라 따뜻한 진심임을 의미하고 있다. 우리 집에 친척이나 아는 사람을 초대했을 때의 마음으로 서비스를 하라는 것은 이 따뜻한 마음으로부터 우러나는 서비스 정신을 말하고 있다.

결국 서비스의 기본이란 일하는 사람 마음의 문제이며 기술적으로 어려운 것은 아니다. 때때로 종업원에게 이 마음으로부터 우러나는 마음, 감사의 마음을 가르치지 않고 접객 용어와 기본 동작만을 가르치고는 다 되었다고 생각하는 식당이 있다. 마음보다도 형식에 얽매여버리는 것이다. 그러나 이러한 식당에서는 그 형식이 오히려 마이너스로 작용한다. 마음이 담겨 있지 않은, 형식뿐인 접객은 로봇이 서비스하는 것이나 마찬가지이다. 극단적으로 말하면 "어서 오십시오", "감사합니다"라고 테이프를 반복하며 컨베이어벨트로 음식을 운반해오는 것이다. 이걸로 어떻게 고객을 감동시킬 수 있겠는가?

물론 접객 기본 용어와 접객 태도를 가르치는 것은 중요하다. 실제로 그것을 제대로 된 수준에까지 몸에 익히기 위해서는 상당한 훈련을 거듭해야 한다. 또 사람이 항상 웃는 얼굴을 한다는 것은 쉬운 일이 아니다. 그러나 고객의 앞에 선 이상, 내심 어떤 불쾌한 일이 있다 해도 항상 밝게 웃어야 한다. 이것이 서비스맨의 역할이기 때문이다. 시간제 종업원이라 해도 급료를 받는 이상은 프로이다. 종업원이 이러한 프로 의식을 갖도록 지도하는 것은 경영자의 책임이다. 프로 의식이란 바로 서비스 정신인 것이다.

서비스맨으로서의 경험을 그 나름대로 쌓고 응용하면 잘 알 것 같지만, 실제로는 반대로 표면적인 테크닉에만 신경을 쓰는 경우가 많다.

묘하게 고객 접대를 잘하거나 음식을 나르는 몸놀림이 세련되면 베테랑 서비스맨이라고 오해하기 쉽다. 그러나 응용의 서비스란 상황에 따라 민첩하게 재치를 발휘해 서비스 정신을 발휘할 수 있는 수준을 말한다. 접객 용어는 경험을 쌓아가면 자연히 익숙해지지만, 그것이 단순한 반사행동이라면 의미가 없다. 특히 대형 식당의 경우 이러한 오해가 생기기 쉽다. 경영자로서 해야 할 종업원 교육의 중요성이 여기에도 있는 것이다.

매출목표 수립

식당 경영의 결과는 매출액과 이익으로 집약된다. 다만 그 평가는 단순한 매출액이나 이익의 액수만으로 이루어지는 것은 아니다. 가장 중요한 것은 예정된 대로 매출액과 이익을 달성했는가 하는 달성률이다. 이미 세워놓은 중장기 계획에 따라 성장과 사업 확대를 목표로 해가지만 그것을 실현하는 것은 단기(1년간) 자금회전이다. 예정대로의 숫자(목표)를 확실히 달성해가는 것은 기업으로서의 사회적 신용, 업계 내에서의 지위 확보, 그리고 은행 대책상 빠뜨릴 수 없는 요소이다.

따라서 경영자는 우선 목표하는 방향과 비전, 중장기 계획을 수립하고 그 안에서 자신이 달성해야 할 책임을 숫자로 이해할 필요가 있다. 매출목표는 보통 1년 동안의 매출목표를 세운 후 매월로 나누어 월별로 목표를 세워야 한다. 연 목표를 월 목표로 나눌 때에는 월별로 매출 추이를 가능한 한 정확하게 예측할 필요가 있다. 다시 말하면, 과거 매출의 추세를 보고 장래의 월별 매출액을 예측하는 것이다.

월별로 매출액을 계산하는 이유는 식당의 매출액이 월별로 성수기와 비수기에서 차이가 나기 때문이다. 송년회 시즌인 12월은 매출이 오르지만 2월과 9월은 매년 뚝 떨어진다거나 봄방학과 여름방학, 겨울방학이 있는 달은 매년 호조의 매출을 기록한다는 등 월별 패턴이 반드시 있다. 물론 외식 수요는 경기의 영향을 받기 쉬워서 연도에 따라 매출액에 다소의 변화는 있지만 월별 추세는 거의 변하지 않는다. 따라서 차기 연도에도 연간 매출액에 대한 월별 매출액의 구성비율은 거의 일정하게 유지된다고 생각해도 무방하다. 전년도만의 월별 매출액으로 차기 연도의 월별 매출목표를 세우는 것보다 과거 몇 년간의 데이터를 총합해 할당하면 정확도가 높은 예측치를 얻게 된다. 일반적으로는 과거 3년간 데이터를 기준으로 산출한다.

일별 · 요일별 매출목표

앞에서 서술한 월별 매출목표를 일별로 할당해야 한다. 일별 매출목표가 없으면 종업원들의 작업 스케줄을 짤 수 없고, 관리의 주요 기둥인 노동시간도 조절할 수 없기 때문이다.

또 목표란 단순한 예정이 아니다. 실현하지 않으면 의미가 없는데, 월 목표를 확실하게 달성하기 위해서도 매일의 매출목표와 실적의 대조가 불가결하다. 여기에서 강조해두지만 월별 매출액이란 매일의 매출액을 집계한 결과가 아니다. 어떻게든 달성해야 하는 목표치이다. 경영자에게는 여러 가지 숫자 관리가 요구되는데, 모두 '월별 목표 달성=일별 목표 달성'을 위해 행해지는 것이다. 바꿔 말하면, 숫자 관리란 월별 매출목표를 일별 매출목표로 적정하게 배분하는 것에서 시작한다.

일별 매출목표를 설정하는 방법에는 여러 가지가 있지만, 처음에 주의할 것은 식당의 일별 매출액은 요일에 따라 패턴이 변한다는 점이다. 따라서 단순히 월별 매출목표를 영업일수로 나누고 그것을 일별 매출목표로 할 수는 없다. 어떻게 요일별로 배분하면 좋을까 하는 것이 문제인데, 주요 방법은 다음 세 가지이다.

① 전년 동월 동요일 매출액에 올해의 전년 대비 목표신장률을 곱해서 산출한다.
② 전년 동월 요일별 평균 매출액에 올해의 전년 대비 목표신장률을 곱해서 산출한다.
③ 과거 2년 동월 요일 평균 패턴을 지수화해 그것을 기준으로 산출한다.

①의 방법은 설명할 필요가 없을 것 같으므로 ②, ③의 방법에 대해 설명해두자. 우선 ②는 다시 월요일부터 일요일까지 각 요일마다 산출하는 방법과 평일, 토요일, 일요일 · 공휴일의 3분류로 산출하는 방법으로 나뉜다. 평일이라고 해도 월요일부터 금요일까지 각 요일 매출의 기복이 큰 경우는 전자로 하지만, 각 요일에 큰 차이가 없으면 후자의 3분류로 해도 된다.

다음은 그 순서인데, 우선 전년 동월의 월간 매출액을 요일별로 분류(여기에서는 3분류)하고 요일별로 매출액 합계를 낸다. 이것을 전년 동월 요일별 합계일수로 나누면 각 요일마다 1일

식당 경영자는 어떻게든 달성해야 하는 목표치인 그달의 월별 매출목표를 정하고 이를 다시 일별로 할당해서 종업원들에게 세부 작업 스케줄을 짜주고 관리해야 한다.

평균 매출이 산출된다. 이 각 요일의 1일 평균 매출액에 전년 대비 목표신장률을 곱하면 금년도 각 요일별 목표매출액이 산출된다.

③의 방법은 우선 작년과 재작년의 동월 일별 매출액을 1일에서 말일까지 순서대로 늘어놓고 일람표를 만든다. 이 표에 의해서 두 해의 평일, 토요일, 일요일·공휴일의 매출액 합계를 산출하고 각각의 요일별 합계일수로 나누어 요일별 평균 매출액(패턴)을 구한다. 그다음 평일 평균 매출액을 하나로 하여 이 패턴을 지수화한다.

시간대별 매출목표

식당의 매출은 요일별로 변하지만, 하루를 놓고 보면 시간대에 의해서 변동한다. 따라서 일별 매출목표 실적을 대조하고 그 내용을 검토하기 위해서는 1일의 매출을 시간대별로 관리할 필요가 있다.

시간 구분 대신 평일/토요일/일요일 등으로 구분한다면 요일별로 시간대별 매출액 통계표를 만들 수 있으며, 주 단위로 했다면 주간 시간대별 매출액 통계표를 만들 수 있다. 표에서는 시간대를 3시간씩 잡고 있지만 이것은 고객 이용 동기의 발생, 변화와 일치하기 때문이다. 각 시간대를 이용 동기로 나타내면 다음과 같다.

- 8~11시 = 모닝타임
- 14~17시 = 티타임(디저트)
- 20~23시 = 나이트타임
- 11~14시 = 런치타임
- 17~20시 = 디너타임

단, 이 구분은 일반적인 식당의 경우이고 업종 업태나 입지에 따라 시간대를 잡는 방법이 바뀐다. 가장 단순한 경우는 점심과 저녁 두 가지로 분류하는 것이다. 식당에 따라 매출일보에 기입하는 곳도 있지만, 데이터 분석을 위해서는 일보와는 별도로 통계표를 만들어야 한다. 각각 매출액, 고객 수, 팀 수, 객단가를 체크해 문제의 소재를 확인하고, 문제가 있는 경우에는 그 원인을 분석한다. 1년 이상 이러한 데이터를 계속 취하면 전년 동월 대비도 가능하고, 좀 더 정확도가 높은 일별 매출목표 관리도 할 수 있다.

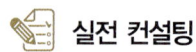 **실전 컨설팅**

점심에만 편중된 매출, 무엇을 바꿔야 할까?

　7년간 요리사로 일한 경력이 있는 김 씨. 2010년 공덕동에 20평 규모 부대찌개전문점을 오픈했다. 부대찌개전문점인 만큼 점심에는 와자지껄하지만 저녁에는 손님이 없다. 저녁 술손님을 위해 철판모듬구이를 개발해 내놓았지만 별다른 반응이 없다.

　김 씨가 현 매장을 선택한 이유는 오피스와 주택가 혼합 상권이어서 점심과 저녁 두 마리 토끼를 잡을 수 있다고 믿었기 때문이다. 하지만 오픈 초부터 점심에만 하루 40만 원 정도의 매출을 올릴 뿐 저녁 매출은 전혀 없었다. 저녁 매출 향상을 위해 닭발구이까지 개발해 판매했지만 실패했다.

　저녁 매출 증진에 대해 고민하던 중 점심 매출 역시 초기에 미치지 못하고 있다. 고객 대상 마케팅의 일환으로 밥과 라면 사리를 무한 리필로 제공했는데 원가가 높아서 중단했다. 주던 것을 주지 않으니 상당수 고객이 이탈했다. 이후에는 양반다리로 앉아서 먹는 테이블을 없애고

입식 테이블을 들여 한꺼번에 수용 가능한 고객 수를 늘릴 계획이다.

김 씨가 저녁 매출 향상을 위해 노력하는 이유는 점심 메뉴의 원가가 높아 수익률이 떨어지기 때문이다. 점심 고객이 저녁까지 이어지기를 바라는 마음에서 햄과 반찬을 푸짐하게 제공하고 있어 6,000원 가격의 부대찌개를 판매하면 2,000원이 채 남지 않는다.

김 씨는 오랫동안 음식점에서 근무했던 노하우를 활용해 점포 구입비가 비교적 저렴하고, 매장 전면이 넓어 광고 효과가 뛰어나다고 판단하여 현재 입점지를 내정했다. 처음부터 업종을 선택한 것이 아니라 입점지 주변 상권에 부대찌개를 판매하는 곳이 한 곳도 없어 업종을 정했다.

저조한 저녁 매출 외에 눈과 비가 오는 날에는 매출이 급감하는 현상 역시 해결해야 할 문제이다. 흐르는 상권에 위치한 만큼 악천후에는 일부러 매장을 찾는 고객이 없어 매출이 급감하고 있다.

 **컨설팅**

| 디자인 부분 보완
현재 간판은 전문성이 떨어진다. 고객들이 이동하면서 가장 먼저 접하는 것인 만큼 간판이 첫인상을 좌우하는데, 이를 산뜻하게 바꿔 전문점의 느낌이 들도록 조처해야 한다. 또한 매장 내부 마감이 마무리되지 않았는데, 원목의 느낌을 살린 것은 좋지만 '친환경 공법 인테리어' 등의 문구를 적어 매장 내부에 걸어두면 더 효과적이다.
메뉴판 역시 주류 회사에서 제작해준 것보다 손수 만들어 전문성을 높이면 더 좋다. 메뉴판에 음식 사진과 가장 마진이 높은 메뉴를 넣어 주문율을 높여야 한다.

| 입식 테이블로 변경 보류
매장 내 테이블을 좌식에서 입식으로 바꾸기 위해 계획을 세워두었는데, 매출이 하루 10만 원 이상 오르지 않을 거라면 시설에 투자하는 것은 보류해야 한다. 현재 좌식 구조를 철거하고 공사하는 데에만 500만 원 이상 필요하고, 철거 비용도 70만 원이 소요된다.

| 나만의 메뉴 개발
김 씨 매장은 공덕동 내 맛집 반열에 오를 정도로 전문성을 갖추고 있지는 않다. 이 지역은 특성상 하나의 음식으로 정평이 난 곳이 많다. 김 씨는 7년간 조리사로 근무했던 만큼 충분히 가능성이 있다.
저녁 메뉴를 이것저것 들일 생각보다 부대찌개 하나만을 특화시켜 맛으로 승부한다면 저녁에 식사와 술 한잔하러 매장을 찾는 고객이 늘 것으로 예상된다. 저녁 안주류에 부대찜과 안주용 부대찌개를 개발해 내놓는 것도 권장한다.

6 PART
종업원 관리

서비스업은 손님이 부르기 전에 다가가야 하고,
손님이 부르면 큰 소리로 복창하며 밝게 응대해야 한다.
서비스는 경영자가 스스로 모범을 보여야 종업원에게 전파된다.

관리하지 말고 리드하라

음식점 경영자는 반드시 아침에 일찍 출근해야 한다. 적어도 종업원 전원이 모일 시간보다 한발 빨리 나오는 것이 바람직하다. 그런데 손님이 몰릴 점심시간 직전에 식당에 나오는 경영자가 있다. 분주히 일하고 있는 종업원에게 뜬금없이 아침인사를 건네는 이도 있다. 이는 종업원 감독으로서의 직무를 제대로 못하는 것이다.

경영자는 식당이 그날 하루 제대로 가동할 수 있는 상태인지 확인해야 한다. 서빙 인원은 모두 모여 있는가, 주방에는 음식 재료가 제대로 갖춰졌는가, 청결 상태는 양호한가, 예약 사항은 어떤가 등을 살펴야 한다. 경영자가 게으르면 종업원도 게을러진다.

종업원은 상사를 보고 배운다. 경영자가 아침 일찍 나와야 종업원의 정신 상태도 엿볼 수 있다. 종업원이 의욕이 없는 것 같으면 밝게 말

서비스업은 신바람이 나야 한다. 손님이 부르면 큰 소리로 복창하며 밝게 응대해야 한다. 한발 먼저 제공되는 서비스, 가족처럼 대하는 서비스는 경영자가 모범을 보여야 종업원에게 전파된다.

을 걸어 기운을 북돋워줄 수도 있다. 경영자는 식당의 분위기 메이커이다. 무릇 항상 웃는 얼굴은 접객 서비스의 기본이다. 내심 어떠한 걱정이 있어도 항상 웃어야 프로이다.

그렇다고 종업원을 혼내야 할 때 주저해서는 안 된다. 경영자는 최고 책임자이다. 말하고 싶지 않은 것도 필요하다면 말해야 한다. 혼내야 할 때 단호하게 혼내지 못하면 근무 기강이 흐트러질 수 있다. 혼낼 때에는 어디를, 어떻게 고치면 좋은지 종업원이 쉽게 이해할 수 있도록 해야 한다.

경영자는 홀과 주방을 수시로 움직이며 고객의 소리를 청취하는 데에도 주력해야 한다. 카운터에 앉아 신문을 뒤적이며 돈만 받는 경영자는 성공하기 어렵다. 규모에 따라 다르겠지만, 만보기를 차고 하루를 마감했을 때 최소 1만 보 이상 기록되어 있지 않으면 경영자가 제대로 일하지 않은 것이다. 주인 없는 식당치고 잘되는 곳이 있는가.

모든 열정과 노력을 쏟아부어도 성공을 장담할 수 없을진대 한가하게 투잡 운운하며 종업원들만으로 식당을 운영해서 돈을 벌 수 있겠는가? 단연코 불가능하다. 주인이 직접 매장에 나와 있어야 음식 하나하나에 대한 고객의 생생한 평가를 들을 수 있고, 설령 큰 불만이 쏟아져도 바로 대처해서 영원히 발길을 돌리는 고객을 사전에 예방할 수 있다.

서비스업은 신바람이 나야 한다. 손님이 부르기 전에 다가가야 하고, 손님이 부르면 큰 소리로 복창하며 밝게 응대해야 한다. 한발 먼저 제공되는 서비스, 가족처럼 대하는 서비스는 경영자가 모범을 보여야 종업원에게 전파된다.

식당 경영자의 성공 포인트

　식당업은 조리든 서비스든 사람에 의해 이루어지는 사업이다. 따라서 성공적으로 식당을 경영하기 위해서는 사람과 관련된 종업원의 채용, 관리, 동기 부여 세 가지를 업무의 최우선 순위로 여겨야 한다.

　첫째, 종업원 채용 및 능력 개발에 관한 항목이다. 성공한 대다수 경영자는 인사 관리를 식당을 운영하는 데 가장 중요한 제1순위로 생각한다. 그들은 종업원을 교육하는 데 많은 시간을 들이고, 서비스 기술을 향상시키는 데 많은 노력을 투자한다. 또한 종업원 개개인이 가지고 있는 능력을 최대한 이끌어내고 개발하는 데 전력을 기울인다.

　둘째, 종업원 관리 감독에 관한 항목이다. 경영자의 어려운 점 중 하나는 서로 개성이 다른 많은 종업원들을 감독하는 것이다. 하나의 구심점을 만들어 차별화된 서비스를 고객에게 제공할 수 있도록 종업원들

식당 경영자는 위생과 청결에 대해 철저히 점검하고 관리하며, 항상 양질의 서비스를 고객에게 효율적으로 제공할 수 있는 방법을 종업원에게 제시해야 한다.

의 서로 다른 개성을 관리 감독해야 한다. 그리고 양질의 서비스를 효율적으로 제공할 수 있는 방법을 종업원에게 제시해야 한다. 위생과 청결에 대한 철저한 관리도 요구된다.

셋째, 종업원 동기 부여에 관한 항목이다. 종업원 동기 부여는 장래에 성공적인 영업을 위해 가장 중요한 요소가 될 것이다. 종업원들이 더 나은 서비스를 제공할 수 있도록 경영자에게는 2002 월드컵 축구팀의 히딩크 감독처럼 뛰어난 커뮤니케이션 기술과 용병술이 필요하다.

성공하는 식당의 주요 요인은 식당 콘셉트, 실행 능력, 친절한 서비스로 고객의 기대에 부응해야 한다는 점이다. '올바른 콘셉트'라는 의미는 시장 환경, 주변 지리적 요건, 고객 성향에 맞는 식당을 운영해야 한다는 뜻이다. 예를 들어 고객이 이용하기에 불편이 없는 식당의 위치, 주차의 편리성, 메뉴의 합리적 가격, 특이한 맛의 체험, 또다시 이용하고 싶다는 마음을 불러일으키는 친절한 서비스 등 주변 식당과는 차별화된 특징적인 콘셉트를 가지고 있다면 그 식당은 틀림없이 성공할 수 있다.

종업원은 적절한 콘셉트를 운영하는 주요 요소이다. 올바른 종업원을 채용하고, 고객들이 원하는 수준의 서비스를 제공할 수 있도록 교육시키는 것이 성공하기 위한 주요 요소 중의 하나이다. 오늘날 능력 있는 종업원을 채용하는 것은 객단가를 올리는 것만큼 중요한 성공의 제1요소가 되었다.

종업원들의 능력을 극대화하기 위해서는 식당 지배인의 역할이 중요한다. 회사의 전략과 비전을 일깨워주고, 업무 지침을 전달하며, 현장 중심(OJT) 교육을 시켜야 한다. 글로 쓰여 있는 매뉴얼을 전달하기보다는 교육 효과를 극대화하기 위해 솔선수범을 보이며 직접 실무 교육을 진행하고, 때로는 비디오와 같은 시청각 교재를 동원해서 종업원의 능력을 단시간 내에 최대한 발휘하게끔 교육시켜야 한다. 그리고 종업원들의 능력을 공정하게 측정할 수 있는 도구를 마련하고, 그들의 능력을 지속적으로 발휘할 수 있도록 모든 제반 여건을 마련해야 한다.

서비스는 고객과 경영자 모두가 관심을 가지고 있는 매우 중요한 사항이다. 여러 가지 고객 불평불만 요소가 발생하지만, 대부분은 음식의 맛 또는 식당 분위기가 아닌 서비스와 관련된 것이다. 서비스와 관련된 불평 중 가장 일상적인 것은 서비스 속도와 사려 깊지 못한 종업원, 이 두 가지로 분류된다. 너무 빠르지도, 느리지도 않게 상황에 따라 유연한 서비스를 제공하는 종업원들, 고객이 원하는 바를 미리 감지하고 서비스하는 사려 깊은 종업원들이 있다면 식당은 성공적으로 운영될 것이다.

또한 성공하는 식당을 만들기 위해서는 고객 기대에 부응해야 한다. 고객의 기대 수준은 점차 높아만 간다. 전보다 더 양질의 서비스, 더 따뜻한 서비스를 요구한다. 서비스뿐만 아니라 음식의 질, 식당의 위생 상태, 편안한 분위기, 식재료의 신선함, 음식의 양 부문에서 전보다 월등히 예민하고 높은 수준을 요구한다. 최근에는 건강 지향과 가격 대비 양질의 메뉴에 대한 요구도 점차 커지고 있다.

성공하는 식당의 매니저 역할

- 운영 이익과 원가 관리에 밝을 것
- 각 시프트별로 프로세스에 따라 효과적, 능률적으로 관리할 것
- 운영이 원활하게 연계될 수 있도록 종업원 시프트를 계획성 있게 짤 것
- 각 파트별로 업무 협조와 의사소통이 원활하게 될 수 있도록 코디네이터 할 것
- 재방문 고객을 창출하기 위해 고객 관리를 할 것
- 종업원 동기 부여에 힘쓸 것
- 종업원 채용과 재교육에 열성적이고, 퇴사율을 줄이기 위해 노력할 것
- 외부 마케팅과 정보 수집에 열성적일 것
- 시설 및 장비 관리에 만전을 기할 것

종업원 관리 03

전체를 보는 안목을 가져라

　식당의 일 중 가장 중요한 것은 종업원 전원의 팀플레이다. 이것이 고객에게 공평하고 수준 높은 서비스를 제공하는 기본이다. 결국 경영자는 식당이라는 팀을 통합하는 감독이어야 하지만 이것을 오해하고 있는 경영자가 매우 많다. 예를 들어 종업원의 선두에서 일하는 것이 경영자의 업무라고 믿는 이들이 종종 있다. 그러나 실제로는 경영자의 업무가 아니다. 경영자는 보통 식당의 입구 부근에 위치한다. 왜 이 위치에 있어야 하냐면 홀 전체를 보고 종업원의 서비스가 주방과 함께 행해지고 있는지 감독해야 하기 때문이다.

　런치타임 등의 피크 시간대처럼 경영자도 웨이터나 웨이트리스와 함께 접객 서비스를 해야 할 때가 있다. 이 경우에도 경영자의 최대 관심은 종업원의 접객 서비스에 실수가 없는가, 주방과 홀의 연대가 원활하

피크 시간에는 경영자도 종업원과 함께 접객 서비스를 해야 하지만 이 때 너무 서비스에만 몰두하면 책임자로서 매장 전체의 관리·감독역할을 잃게 될 수도 있으니 주의해야 한다.

게 이루어지고 있는가 하는 점이어야 한다. 경영자에게는 모든 고객을 만족시킬 책임이 있기 때문이다. 모든 고객을 만족시키기 위해 종업원 전원의 움직임을 조정하는 것, 이것이 경영자의 본래 업무이다. 종업원과 하나가 되어 자신이 서비스 요원의 한 사람이 되어 버린다면 본래의 관리·감독 역할을 잃어버리게 된다. 바꿔 말하면, 고객의 만족에 대한 책임을 방관하는 것이다. 경영자 스스로가 서비스 요원이 되어버리는 식당에서는 종업원의 업무란 단순히 '정리한다'는 의식이 되기 쉽다.

한편 고객의 만족을 제일로 생각하는 경영자는 고객의 기대에 어긋나지 않도록 항상 종업원의 움직임을 지켜보고 정확한 지시를 내린다. 교육, 훈련, 예의범절도 확실히 가르친다. 따라서 종업원도 그 지시의 의미를 이해할 수 있고, 최대한 고객을 소중히 하려고 노력하게 된다.

가게 오픈 전 경영자의 체크리스트

〈외관〉
- 유리창과 벽면의 오염, 파손, 도장의 벗겨짐
- 입간판 등의 오염, 파손, 위치
- 진열 케이스의 오염, 파손, 그리고 케이스나 진열대 내의 배치, 조명
- 쓰레기통과 쓰레기 처리 등

〈홀〉
- 바닥, 벽, 기둥, 천장, 유리창, 커튼에 문제는 없는가, 청소 상태
- 조명의 밝기, 전등의 오염, 배경음악의 끊어짐이나 음량 등
- 테이블이나 의자의 배치, 테이블의 양념 세트(소금, 후추 등) 확인
- POP의 오염, 기한, 파손
- 메뉴 가격표가 더러워지거나 선명하지 않은가
- 카운터 주위의 청소, 정리 정돈
- 금전등록기 주변의 정리 정돈
- 금전등록기에 필요한 물품이나 기구는 갖춰져 있는가
- 잔돈 확인
- 물주전자나 트렌치 등
- 냅킨, 물수건, 나무젓가락 등
- 그 외에 필요한 비품이 갖춰져 있는가

〈인원〉
- 사원, 시간제 종업원, 아르바이트 인원은 적정하게 배치되어 있는가
- 개별적으로 작업 할당을 했는가
- 특별 메뉴 등을 철저히 주지시켰는가
- 종업원의 유니폼은 청결하고, 흐트러짐이 없는가
- 화장, 매니큐어, 손톱, 수염, 머리 길이 등 종업원 복장에 문제는 없는가
- 명찰을 정해진 위치에 달고 있는가
- 종업원에게 일할 마음이 충분히 있는가
- 주방 내의 정리 정돈은 잘되어 있는가
- 당일 매출 예상분의 재료는 충분히 갖춰져 있는가
- 주방 내 기구 배치는 잘되어 있는가

일하고 싶은
기분을 갖게 하라

    팀을 통합해가는 데에는 리더십을 발휘하지 않으면 안 된다. 그럼 경영자의 리더십이란 무엇인가? 한마디로 말하면 종업원에게 의욕을 불러일으킬 수 있는 것이다.

    식당은 업무의 장이다. 경영자를 중심으로 아무리 사이좋게 이루어졌어도 그것이 업무의 성과(매출)로 이어지지 않으면 아무 의미도 없다. 종업원에게 업무에 대한 의욕을 북돋을 수 있는가는 물론 시급이나 대우와 같이 경영자의 권한만으로 움직일 수 없는 부분도 얽혀 있다. 그러나 상식적인 직장 환경이라면 종업원의 의욕을 북돋는 책임은 경영자에게 있다.

    리더십을 발휘하기 위해서는 종업원에게 존경받지 않으면 안 된다. 사람을 움직일 수 있는가는 인격과 인간으로서의 그릇 크기와 관계가

외식업 현장에서 일하는 종업원이 스스로 자부심을 갖고 즐거운 마음으로 일하게 하는 것은 경영자에게 매우 필요한 덕목이다. 종업원의 일할 마음을 이끌어낼 수 없다면 좋은 서비스는 물 건너가기 때문이다.

있다. 당신 역시 그럴 것이다. 전혀 존경할 수 없는 사람으로부터 명령을 받으면 그것을 할 마음이 생길까? 명령하는 입장에 있는 사람은 스스로가 그 모범을 종업원에게 보여야 한다.

 외식업과 현장인 식당에서 일하는 것의 멋짐과 일의 중요성을 우선 자신이 인식하는 게 중요하다. 이 장에서 외식업이란 무엇인가에 대해 상세히 논한 것도 그 때문이었지만, 이 이해와 인식이 경영자에게 없으면 종업원의 일할 마음을 이끌어낼 수 없다. 바꿔 말하면 그 멋짐을 구현하고 느끼게 할 수 있어야 종업원이 경영자의 명령을 납득하고 따르는 것이다.

따라서 경영자는 식당 내에서 누구보다도 자신에게 엄격한 사람이 되어야 한다. 목표 달성을 향해 가장 의욕과 의지가 있는 사람이 바로 자신이어야 한다. 경영자가 자신에게 무르면 필경 종업원도 그렇게 되어간다.

종업원이 일을 잘하게 만들려면 종업원 한 사람 한 사람의 모습을 자세히 관찰해야 한다. 일하는 방식에 대해서는 말할 것도 없지만, 종업원의 건강 상태부터 사생활적인 면까지 신경을 써서 무언가 이상이 있으면 빨리 파악하는 것이 중요하다.

그렇다고 해서 종업원의 프라이버시까지 캐고 들라는 것은 아니다. 젊은 사람은 사생활의 혼란이나 고민 때문에 그만두는 경우가 많은데, 그러한 때는 반드시 뭔가 징후가 있다. 복장이 흐트러지거나, 태도가 어딘가 단정치 않거나, 지각을 한다. 평소에 자세히 관찰하고 있으면 그러한 변화에 민감해질 수 있다. 변화를 느낄 때에는 넌지시 이야기를 하고 상담을 해준다. 이러한 배려가 중요하다. 각자 생활 환경이 있고 가정 사정도 있는데, 그것을 무시하고 무리하게 출근시키면 종업원이 갑자기 그만둬버리는 경우가 적지 않다.

종업원에게 존경받기 위해서는 업무만이 아니라 평소 사생활에서도 충분히 주의할 필요가 있다. 경영자는 식당의 간판을 짊어지고 있다. 업무 외 시간에도 이 간판은 없어지지 않는다. 자신은 의식하지 않아도 주위 사람들은 자신을 경영자로 보고 있는 것이다. 이러한 점을 의식하는 것이 바로 사회적 책임을 갖는 것이다.

업무상의 책임이라면 누구라도 의식할 수 있지만 이것은 매우 어렵다. 그렇기 때문에 그것이 가능한 사람은 종업원에게 존경받는 것이다. 또 출근할 때의 복장에 대해서도 주의해야 한다. 경영자가 되면 비즈니스맨이다. 놀러 가는 듯한 단정하지 않은 복장으로 출근한다면 인격을 의심받아도 하는 수 없다. 비즈니스맨으로서 어울리고 빈틈을 보이지 않도록 복장을 청결하게 해야 한다.

종업원을 이런 사람으로 만들어라

외식업에 근무하는 사람들은 고객을 서비스한다는 의미에서 초청자(host)라고 말할 수 있다. 업무를 수행할 때, 그 업무가 아무리 눈에 띄지 않고 하찮은 것이라 할지라도 고객이 식당에서 최대의 기쁨을 경험할 수 있도록 만드는 것을 주목적으로 삼아야 한다. 종업원이 청결하지 않고 전문가답게 보이지 않으면 고객이 그 식당을 외면할 것은 자명한 사실이다. 식당을 성공적으로 운영하기 위해서는 종업원들이 외모와 행동적인 면에서 프로다운 특성을 가지고 있어야 한다.

외모 요건

외식업의 가장 기본은 방문한 고객을 서비스하는 환대산업이라는 점이다. 그러므로 종업원의 용모는 고객들이 식당을 방문해서 느끼는 첫인상을 결정짓는 요소로 작용한다. 첫인상이 매우 긍정적이어야 함은 물론이다. 따라서 종업원들의 외모는 다음과 같아야 한다.

- 머리는 지저분하지 않게 자르고 정결하게 빗질해야 한다.
- 손톱은 깨끗하고 짧게 손질하며 매니큐어는 바르지 않아야 한다.
- 치아는 청결하게 관리하고 자주 칫솔질을 해야 한다.
- 유니폼은 신체에 잘 맞아야 한다.
- 구두 손질이 잘되어 있고, 바닥을 끌면서 걷는 일은 없어야 한다.

종업원들의 개인위생도 철저하게 관리해야 한다. 특히 고객에게 직접 서비스하는 종업원들은 많은 고객들과 접촉하므로 30분에 한 번씩은 손을 깨끗이 씻어야 한다. 입안에서 마늘 냄새, 담배 냄새 등과 같은 불쾌한 구취가 나지 않도록 조심하며, 향수를 몸에 뿌리는 행위는 음식의 향을 해치기 때문에 피해야 한다.

행동 요건

외식업에 근무하는 사람의 가장 중요한 행동 요건은 고객과 커뮤니케이션을 하는 것이다. 극도로 공손한 태도나 지식을 뽐내는 듯한 태도는 오히려 고객들에게 나쁜 영향을 미칠 수 있다. 모든 사람들이 그렇듯, 종업원들도 컨디션이 나쁘거나 개인적인 일로 기분이 저조한 날이 있다. 하지만 그런 기분을 고객에게 내보여서는 안 된다. 이외에 종업원이 갖추어야 할 요건은 다음과 같다.

외식업 경영자는 종업원들의 개인위생을 철저하게 관리해야 한다. 특히 고객에게 직접 서비스하는 종업원들은 많은 고객들과 접촉하므로 30분에 한 번씩은 손을 깨끗이 씻어야 한다.

첫 번째, 음식과 음료 메뉴에 정통해야 한다. 각 구성 성분, 조리 방법, 먹거나 마시기에 가장 좋은 적정 온도, 식당 영업시간, 홀 및 주방 시설에 대해서도 알고 있어야 한다. 주변에서 벌어지고 있는 이벤트, 관광 지역 등에 대한 정보도 알아야 한다. 특히 테마파크, 병원, 대형 빌딩 및 공공기관과 같이 큰 공간 내의 식당에서 근무하는 서비스 종업원은 주변 시설 및 특징에 대해 해박한 지식을 가지고 있어야 한다.

바텐더처럼 카운터에서 고객과 직접 접촉하는 종업원들은 신문이나 잡지, 서적 등을 통해 풍부한 상식을 지니고 있어야 고객과의 대화를 부드럽게 이끌어낼 수 있다. 와인 테이스팅이나 음식 강습, 서비스 트레이닝과 같은 교육에 참석하여 끊임없이 자기 계발을 위해 노력해야 외식업 종업원으로서 성공할 수 있다.

두 번째, 훌륭한 종업원들은 꾸준한 연습으로 남들보다 앞선 기술을 가지고 있다. 트레이에 놓인 많은 음료를 고객들 사이로 신속하고 능숙하게 전달하거나, 흘리지 않고 와인을 서비스하며, 고객에게 자연스럽게 음식을 서비스하는 기술들은 많은 훈련을 거쳐 습득해야 한다.

세 번째, 고객들을 항상 주시하고 사려 깊게 응대해야 한다. 즉 현재의 식당 내 상황을 빠르게 판단해서 대처해야 한다. 한 테이블에 있는 고객들이 부르기 전에 물을 보충하고, 다른 테이블에 있는 고객들의 주문을 받고, 식사를 끝낸 고객들의 테이블을 정리하는 등 항상 고객들을 주시해야 한다.

네 번째, 능력 있는 종업원들은 필요한 모든 것을 미리 준비한다. 그렇지 않고 미루면 고객이 기다리고 보는 와중에 부랴부랴 준비하는 비전문가적인 모습을 연출하게 된다. 외식업은 형세를 전망하는 관망사업이 아니다. 필요한 모든 것을 주변에 미리 준비하고 배치시켜 고객이 원하는 것을 바로 제공하는 것이 종업원의 기본자세이다.

다섯 번째, 같은 일을 해도 적은 노력으로 최고의 결과를 낳는 것을 효율이라고 한다. 주방과 홀 사이를 움직이더라도 고객이 비운 접시와 컵을 운반하면서 움직이는 것과 빈손으로 움직이는 것을 비교하며 시간과 수고를 절약할 수 있어야 한다.

여섯 번째, 고객들은 식당 내에서 무엇을 판매하는지 잘 알지 못하는 경우가 많다. 종업원은 고객이 원하는 게 무엇인지, 값비싼 메뉴를 원하는지 아니면 경제적인 메뉴를 원하는지 빨리 알아채서 적당한 메뉴를 고객에게 권고하고 설득하는 능력을 배양해야 한다. 설득력이 풍부한 종업원은 고객이 다른 메뉴에도 관심을 가지고 구매할 수 있도록 분위기를 조성하여 객단가를 올리기도 한다.

일곱 번째, 식당의 모든 종업원은 각자 '식당의 서비스와 음식에 책임을 지고 있는 대표자'라는 사명감과 주인의식을 가지고 근무해야 한다. 주방에서 근무하는 인원이나, 홀에서 근무하는 인원이나 공통적으로 고객을 만족시킨다는 궁극적인 목적을 가지고 있다. 식당 내에 있는 2개의 조직이 서로 비난하지 않고 하나의 팀 공유의식을 가지고 근무한다면 경쟁력 있는 식당이 될 것이다.

여덟 번째, 바쁘게 근무하는 중에는 동료나 고객들을 대상으로 부정을 저지를 수 있는 유혹과 위험이 많이 도사리고 있다. 정직은 외식업의 가장 기본적인 요소이며, 식당이 성공하려면 종업원과 종업원, 고객과 종업원 사이의 믿음과 신뢰가 기본적인 바탕을 이루어야 한다.

아홉 번째, 고객과 경영진은 맡은 바 업무를 주어진 시간 안에 완벽하게 소화하고, 제시간에 출퇴근하며, 약속을 잘 지키는 종업원을 믿고 의지하려 한다. 그렇게 의지할 만한 가치가 없는 종업원은 식당을 위해 계속 고용할 이유가 없다.

열 번째, 고객의 편의와 연관된 일이라면 어떤 방식이든 최대한 도움을 줄 수 있다는 태도를 공손하고 품위 있게 표현해야 한다. 문을 대신 열어드리거나, 고객의 착석을 공손하게 도와드리거나, 옷을 대신 걸어드리거나, 떨어뜨린 물건을 주워드리는 것 등이 좋은 예이다. 예절 바른 태도는 자신뿐만 아니라 동료들과 식당의 이미지를 좋게 할 수 있다.

열한 번째, 고객의 요구에 순발력 있게 감각적으로 대처할 수 있어야 한다. 예를 들어 고기구이집에서 특유의 고기 냄새가 밴 고객의 옷에 탈취제를 뿌려주는 서비스도 고객이 미처 예상치 못한 것에 감각적으로 대처한 훌륭한 서비스라 할 수 있다.

열두 번째, 기지는 타고나는 것이라고 하지만 훈련과 경험을 통해 배양할 수도 있다. 드물지만 고객에게 살짝 내보이는 재치와 유머는 고객들이 즐거운 분위기에서 식사할 수 있게끔 분위기를 전환시키기도 한다. 고객 불만이 발생할 때 이를 해결하고 재방문을 유도하는 것도 종업원이 가져야 할 능력이라 할 수 있다.

인건비 관리

가끔 식당 경영자에게 하루에 몇 명의 종업원을 쓰고 있는가 물으면 "점심에 몇 명, 저녁에 몇 명, 하지만 낮부터 저녁까지 일하는 종업원도 있고……"라며 갈피를 못 잡는 사람이 있다. 종업원 수를 단순히 머릿수로밖에 취급하지 않는다는 증거이다. 1일 10시간 일한 종업원도 3시간 일한 종업원도 마찬가지로 한 사람으로 세어야 한다.

이러한 대략적인 고용을 하면 당연히 낭비되는 인원이 생긴다. 인원 배치는 식당의 번성함과 한가함에 따라 결정되어야 하지만 이런 식으로는 그런 조절을 할 수 없다. 근무가 빠른 조의 종업원들이 한가한 시간에 하는 일 없이 시간을 보내고 저녁 피크 시간 전에 돌아가버린다면 비효율적인 인력 사용의 전형이다. 10년 전 대부분의 식당이 이러한 낭비를 아무렇지도 않게 반복해오면서도 경영을 할 수 있었던 것은 급료가 쌌기 때문이다.

시간제 종업원과 아르바이트의 시급 수준을 보면 한눈에 알 수 있지만 지금의 식당 경영에서는 주먹구구식은 통하지 않는다. 인건비 관리는 우선 종업원 수를 환산 인원으로 생각하는 것에서 시작해야 한다. 환산 인원이란 1일 1인의 표준 노동시간을 정하고, 그 표준 노동시간의 종업원이 몇 명 일했는가 생각하는 방식이다. 이것은 각 회사 규칙에 따라 다르지만 보통 1일 8시간, 1개월 25일 노동으로 한다. 따라서 1개월로 보는 경우는 '8시간×25일=200시간'을 1인으로 보는 것이다.

식당의 종업원 수가 적정한가를 판단하려면 종업원 1인당 노동성과를 보면 좋다. 이 성과를 생산성이라고 하지만 그 기본적인 척도는 노동생산성이다. 노동생산성이란 종업원 1인당 매출이익을 말한다. 이 경우의 매출이익이란 월간 매출이익이다. 요컨대 종업원 한 사람이 1개월에 얼마나 벌었는가를 나타내는 것으로, 그 액수는 급료 수준과 이익 수준을 결정한다. 일반적으로 적정한 이익을 확보하기 위해서는 인건비의 4~4.5배의 매출이익이 필요하다.

이것이 노동생산성의 목표액이다. 가령 종업원 평균 월급이 180만 원이라고 하면, 월간 매출이익은 종업원 1인당 720만~810만 원이 된다. 이는 직원을 5명 쓰는 식당의 한 달 매출이 월 3,600만~4,000만 원 정도 되어야 이익구조를 유지할 수 있다는 얘기이다.

노동생산성을 높이는 데에는 다음 네 가지 방법이 있다.

> ① 매출을 높인다.
> ② 매출이익률을 높인다.
> ③ 종업원 수를 줄인다.
> ④ 노동력을 줄이는 자동화기기를 도입한다.

②와 ④(결과적으로 종업원 수가 줄어든다)는 전략적 견지에서 결정하는 것이고, 현장에서 이루어질 수 있는 부분은 ①과 ③이다. ①은 판매 촉진과 관련되어 있고, ③은 고객 수에 따른 적절한 인원 배치로 이루어질 수 있다.

실전 컨설팅

디자이너 출신 창업자의 300평 규모 구이전문점 실패기

디자이너였던 최 씨는 서울에 300평 규모의 한우전문점 브랜드 체인 분점을 오픈했다. 이후 상호를 변경하고 독립하여 한우 및 돼지고기 구이전문점으로 리모델링했다.

체인점으로 운영할 때에는 대규모 매장을 활용하지 못했다. 구이 메뉴가 등심 한 가지로 단출하여 지역 고객을 끌어들이지 못했고 매출 역시 낮았던 것. 2010년부터 가게 이름을 바꾸고 지역에서 가장 대표적인 맛집으로 자리매김하기 위해 운영상 변화를 주거나 다양한 마케팅 활동을 벌였다. 특히 음식점은 맛으로 승부한다고 생각하여 고기 품질 관리를 철저히 했다. 냉면, 설렁탕 한 그릇도 순수 한우갈비로 육수를 내어 정성스레 만들고 있다.

최 씨 매장은 오전 10시에 문을 열어 밤 10시에 마감하고 있다. 최근에는 매출이 부진해 영업시간을 연장할까도 고려하고 있다. 직원 수는 10명 정도로, 예약이 많은 날에는 아르바이트를 고용해 빈자리를 메

우고 있다. 최 씨가 가장 어려움을 겪는 것이 바로 인력 관리이다. 특히 대형 매장에서 정직원 10명과 그보다 많은 아르바이트를 관리해야 하는 일이 만만치 않다. 낮은 매출에도 불구하고 높은 인건비 부담도 어려움을 가중시키는 요인이다.

현재 월평균 매출은 6,000만 원 정도. 이 정도 매출이 계속 이어진다면 적자 경영 속에서 폐점해야 할 상황이다. 최 씨가 기대하는 월 매출은 2억 정도. 식자재 비용, 월세, 인건비 등 고정비를 고려할 때 흑자를 낼 수 있는 최저 수준의 매출이라고 한다.

 **컨설팅**

| 브랜드 리뉴얼
매장 콘셉트를 재조정해 고객이 만족할 수 있도록 전반적인 리뉴얼을 시행하면 목표매출 달성이 가능할 것으로 예상된다.

| 메뉴 개선
한우는 몇 가지 단점이 있는 식자재이다. 비교적 고가여서 재구매 기간이 길며, 부위별로 고가임에도 퀄리티가 낮아 불만의 원인이 될 수 있다. 따라서 고객이 인식하지 못하는 사이에 추가 주문으로 매출을 올릴 수 있는 돼지고기 메뉴를 강화해야 한다. 육개장이나 불고기를 1만 원에 무한 리필할 수 있는 런치 메뉴도 도입해야 한다.

| 운영 역량 강화
점주가 구이전문점 오너로서의 전문성을 갖추고 식자재를 직접 컨트롤해야 한다. 이런 전문성을 갖추는 데에는 많은 시간과 노력이 필요하므로 단기간에 갖추려면 일정 기간 외부 전문가를 투입하는 것도 검토해야 한다.

PART 7
상품 관리

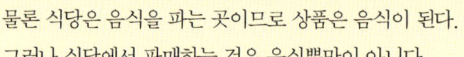

식당의 가치는 어디까지나 QSC 3요소의 통합력으로 결정된다.
물론 식당은 음식을 파는 곳이므로 상품은 음식이 된다.
그러나 식당에서 판매하는 것은 음식뿐만이 아니다.

상품 관리 01
메뉴를 경영하자

메뉴menu란 단어는 라틴어 '미누투스Minutus'에서 파생되었으며 '상세하게 기록한 것'이라는 뜻이다. 원래는 요리의 재료를 조리하는 방법을 설명한 것이며, 요즘 형태로 고객이 선택할 수 있도록 내놓게 된 것은 16세기 초쯤부터였다고 전해진다. 결국 요리를 조리해서 상품으로 판매할 목적으로 고객에게 어떤 종류의 요리가 있다는 것을 알리기 위한 전체 목록표를 메뉴라고 할 수 있다.

메뉴의 중요성

메뉴는 식당 내에서 고객과 접촉하는 1차적 수단이다. 경영자는 메뉴를 통해 이익을 내고, 고객은 메뉴를 통해 선택한 상품에 만족을 추구하려는 쌍방 간의 일종의 커뮤니케이션 통로이다. 메뉴는 또 이미지와 마케팅 수단으로서 구매 의욕을 불러일으키는 마케팅 도구로 활용할 수 있다. 합리적으로 책정한 가격, 훌륭한 디자인, 눈에 띄게 배치한 특선 메뉴 등으로 고객에게 임팩트를 주어 객단가를 올리고 특정 아이템에 대한 매출도 상승시킬 수 있다. 또한 메뉴의 재질 및 디자인, 구성 요소, 판매 아이템 등으로 그 식당의 분위기 및 이미지를 고객에게 표현할 수 있다.

메뉴는 식당 관리 형태를 결정짓는 요소로도 작용한다. 어떤 음식을 제공하느냐에 따라서 식재료의 구매, 검수, 저장, 재고 관리, 음식의 조리, 서비스나 작업 계획 등 주방 및 홀 경영 관리의 여러 가지 형태가 결정될 수 있다. 더 나아가 메뉴 판매에 따른 식음료 원가 관리에도 커다란 영향을 미치게 된다. 그리고 메뉴의 내용과 범위에 따라서 주방에 필요한 설비와 배치가 결정된다. 메뉴를 변경하거나 추가할 경우, 적합한 주방 기기 및 기구를 추가로 배치하거나 주방 구조를 재조정해야 한다. 따라서 주방 설비 및 장비의 배치 등 주방 공간의 모든 부분에 영향을 미치게 된다.

메뉴 구성 및 분류

메뉴는 크게 고정 메뉴static menu, 사이클 메뉴cycle menu, 싱글 유즈 메뉴single use menu, 마켓 메뉴market menu의 네 가지로 분류할 수 있다. 이들 메뉴는 공통적으로 애피타이저, 수프, 앙트레entree, 디저트 등으로 구성되어 있다.

또한 음식을 제공하는 시간대별로 아침 메뉴, 브런치 메뉴, 점심 메

메뉴는 고객의 구매 의욕을 불러일으키는 마케팅 도구로 활용할 수 있다. 눈에 띄게 메뉴를 배치해 고객에게 임팩트를 주면 객단가를 올리고 특정 아이템에 대한 매출도 상승시킬 수 있다.

뉴, 저녁 메뉴로 구별할 수 있다. 어떤 메뉴 타입을 선택하느냐는 고객의 성향에 달려 있다. 예를 들어 점심시간에 학교 구내식당을 이용하는 학생은 매일매일 같은 음식이 나오는 것을 싫어할 게 분명하고 메뉴의 다양성을 요구할 것이다. 반대로 학교를 벗어나서는 한정된 메뉴만을 판매하는 패스트푸드 식당을 불만 없이 이용할 것이다.

고정 메뉴는 변동이 없는 일정한 메뉴 아이템을 고객에게 제공하는 것이다. 전통적으로 대부분의 식당 메뉴가 이에 해당한다. 식당에서 제공 가능한 메뉴 아이템들이 일정한 크기의 종이나 앨범 형태로 인쇄되어 고객에게 제공된다.

마켓 메뉴는 식재료 구입에 한계가 있고 상할 위험도 있기 때문에 짧은 기간에만 운영해야 한다. 또한 신선한 식재료를 사용한 메뉴라는 강렬한 인상을 주기 위해 남용해서는 안 된다.

　사이클 메뉴는 한 주나 격주, 또는 일정 기간을 기준으로 고객들에게 일련의 메뉴를 제공한 후 다시 순환해서 제공하는 방식이다. 보통 학교, 병원 등과 같은 단체급식에서 구매, 생산, 코스트 컨트롤이 가능한 범위 내에서 다양한 메뉴를 고객에게 선보이기 위해 쓰인다.

　싱글 유즈 메뉴는 설날 및 추석, 어린이날 또는 어버이날과 같은 특정한 날을 위해 특별히 선정한 메뉴를 고객에게 프로모션하고자 만든 일회성 메뉴를 의미한다. 특정한 고객이 원하는 메뉴와 가격대를 직접 선정한 연회 메뉴도 여기에 포함된다.

　마켓 메뉴는 특정한 기간 동안 제철의 싱싱한 식재료 구매가 가능할 경우 만들 수 있는 메뉴이다. 이는 짧은 기간에만 운영해야 하는데, 식재료 구입에 한계가 있고 상할 위험도 있기 때문이다. 또한 고객들

식당 메뉴에서 애피타이저 수는 평균 7개 정도로 구성하는 것이 보통이다. 해산물을 사용한 애피타이저가 대부분이고, 새우 칵테일이 가장 대중적인 인기를 얻고 있다.

에게 신선한 식재료를 사용한 메뉴라는 강렬한 인상을 주기 위해 남용해서는 안 된다. 이러한 메뉴들은 공통적으로 다음과 같이 구성되어 있다(양식의 경우이지만, 한식도 점차 다음과 같이 제공하는 식당이 점차 늘고 있다).

- 애피타이저

　식당 메뉴에서 애피타이저 수는 평균 7개 정도로 구성하는 것이 보통이다. 해산물을 사용한 애피타이저가 대부분이고, 새우 칵테일이 가장 대중적인 인기를 얻고 있다. 패밀리 레스토랑이나 캐주얼 식당에서는 수프와 샐러드를 애피타이저에 포함시키는 경우가 많다. 고객이 식당을 방문해서 처음 대하는 음식이므로 좋은 인상을 가지게 하고 식욕

을 돋우게끔 프레젠테이션이 중요하다.

- 수프

평균적으로 3개의 수프 메뉴가 구성되는데, 오늘의 수프(soup du jour) 형식으로 제공하는 것이 흔히 쓰이는 방법이다. 지방분이 많은 수프류 대신 최근에는 맑은 수프인 콩소메consomme나 차가운 감자수프인 비시스와즈vichyssoise 같은 전통적인 수프류가 다시 각광받고 있다.

- 앙트레

평균적으로 15개 종류로 구성되며 파스타, 붉은색 고기(red meat), 생선 또는 갑각류로 구분한다. 최근 에스닉 푸드ethnic food, 즉 민속요리가 건강성과 특이성으로 각광받고 있지만 가장 많이 팔리는 아이템은 역시 육류이다. 육류는 전통적으로 고객들에게 꾸준히 사랑받는 아이템이다. 많이 팔리는 육류는 쇠고기→닭고기→돼지고기 순이며, 지방질이 적고 단백질이 풍부한 닭고기 아이템이 강세를 띠고 있다. 스테이크류는 로스트비프, 프라임 립prime rib, 스테이크 샌드위치로 고객의 선호가 바뀌는 추세이다.

- 샐러드

점점 더 많은 식당이 다양하고 독특한 샐러드를 개발해 메뉴에 넣고 있다. 채식과 다이어트에 관심 있는 고객이 급속도로 증가하고 있기 때문이다. 샐러드에 얹는 재료로는 닭고기 또는 새우와 같은 해산물이 많이 쓰이다. 시저샐러드와 케이준 소스를 뿌린 치킨샐러드는 가장 많

식사 후에 아름답게 장식한 디저트를 먹는 것은 고객에게는 하나의 즐거움이 될 뿐만 아니라, 영업적 측면에서도 객단가 및 이익 상승을 꾀할 수 있는 유용한 수단이다.

이 팔리는 메뉴이다. 신선한 채소 고유의 맛과 저칼로리 섭취를 위해 비네그레트_{vinaigrette}류의 드레싱을 선호하고 있다.

- 디저트

애피타이저가 식사의 처음을 알린다면, 디저트는 마지막을 장식한다. 생활 수준이 높아짐에 따라 디저트 판매량도 늘어나는 경향이 있다. 식사에서 단순히 '먹는다(食)'의 개념뿐만 아니라 '즐긴다(樂)'의 개념도 점차 강화되고 있기 때문이다. 식사 후에 아름답게 장식한 디저트를 먹는 것은 고객에게는 하나의 즐거움이 될 뿐만 아니라, 영업적 측면에서도 객단가 및 이익 상승을 꾀할 수 있는 유용한 수단이다.

메뉴 계획 프로세스

　메뉴 계획의 수립 과정은 관점에 따라 두 가지로 해석할 수 있다. 광의의 의미는 메뉴를 개발하면서 고객에게 판매되는 모든 프로세스라 규정할 수 있으며, 작게는 일정 형태의 정해진 업장에서 고객과 경영자의 목표에 맞게 운영해야 할 메뉴의 수와 다양성을 규정하는 것이라고 볼 수 있다. 하지만 메뉴 계획은 고객의 욕구를 만족시킬 것, 고객에게 가치를 제공할 것, 경영목표에 부합되는 비용이어야 할 것 등을 충족시키는 범위에서 계획되어야 한다. 고객을 만족시키기 위해서는 사회문화적 요소와 영양학적 요소, 그리고 가장 중요한 미적 요소를 고려해야 한다.

　사회문화적 요소로는 관습, 가치관, 지형적 특성 등을 들 수 있다. 사회문화적 요소가 중요한 점은 상품과 서비스의 좋고 나쁨을 결정할

메뉴 계획은 고객의 욕구를 만족시키고 고객에게 가치를 제공하기 위해 수립되지만 운영자의 경영목표에 부합되는 비용과 범위에서 계획되어야 한다.

수 있는 권한이 고객에게 있기 때문이다. 그러므로 고객의 식습관과 패턴, 지형적인 특수성, 선호 식재료, 나이 등을 메뉴 계획의 가장 최우선 순위로 고려해야 한다. 때때로 메뉴 계획자가 고객의 성향이 아닌 자신의 성향에 따라 메뉴를 작성하는데 이는 절대 금물이다. 고객의 식습관과 선호도를 파악하기 위해서 메뉴 계획자는 고객 설문이나 고객과의 인터뷰, 고객 의견 카드, 또는 고객이 남긴 음식을 통해 데이터를 수집하고 측정해야 한다.

영양학적 요소는 점차 고객들이 크게 관심을 나타내고 있는 사항이며, 특히 병원 급식이나 학교 급식에서는 고객의 영양학적 요구에 맞게끔 메뉴 계획이 선행되어야 한다. 최근 건강과 장수를 위해 각종 미디어에서 영양의 중요성에 대한 인식이 급격히 증가하는 상황에서 일반 식당에서도 간과해서는 안 될 요소이다. 예를 들어 미국인을 대상으로 한 미국 레스토랑 협회(NRA)의 최근 조사에 따르면, 전체 응답자 중 50%가 주문할 때 저지방, 저칼로리로 구성된 메뉴를 염두에 둔다고 했고, 60%는 지난 몇 년 사이에 영양에 대해 관심을 가지게 되었다고 답했다.

한편 메뉴 계획에서 미적인 요소는 다음과 같다.

- **풍미(flavor)**
- 맛이 연한가, 강한가, 단맛인가, 짠맛인가와 같은 미각과 관련된 요소이다.
- 메뉴를 구성할 때 같은 맛이 반복되면 좋은 메뉴 계획이 아니다.
- 스파게티와 미트 소스, 돼지 편육과 새우젓/김치처럼 서로 가진 특성을 보완해주는 계획이 필요하다.

- **질감(texture)**
- 음식을 먹을 때 바삭한가, 부드러운가, 딱딱한가와 같이 입안에서 느껴지는 감각을 의미한다.
- 부드러운 크림수프에 바삭한 비스킷을 곁들이거나, 바삭거리는 돈가스에 부드러운 양배추 샐러드를 곁들이는 것 등은 질감의 조화를 고려한 메뉴 계획이라 할 수 있다.

- 농도(consistency)
- 음식의 견고함 정도를 표현하는 요소이다. 보통 소스에 적용되며 묽은지, 짙은지, 굳었는지 등으로 표현한다.

- 색(color)
- 음식뿐만 아니라 접시, 트레이, 카운터 디스플레이까지 모든 컬러 요소는 메뉴 아이템을 선정할 때 조화롭게 이루어져야 한다.
- 하얀색 일변의 음식 구성, 또는 한식에서 흔히 볼 수 있는 매운 적색 일변도의 색깔 구성은 고객의 흥미를 끌 수 없다.

- 형태(shape)
- 인력 또는 기계의 힘으로 식재료를 여러 가지 형태로 표현하여 메뉴를 제공한다면 고객의 흥미를 자아낼 수 있다.
- 예를 들어 감자튀김도 흔히 보는 긴 막대기 형태가 아닌 회오리 모양, 원 모양, 스프링 모양 등의 다양한 형태로 가공할 수 있다.

- 결합(combination)
- 각각의 재료로 조리 방식을 서로 다르게 해서 결합시킨다면 다양한 음식을 제공할 수 있다. 같은 요리 방법을 한 메뉴에 동시에 응용하는 것은 피해야 한다. 튀김요리에는 튀긴 채소가 아닌 삶거나 찐 채소를 곁들여 내놓는 것이 조화로운 메뉴 계획이다.
- 찬 음식과 더운 음식, 조리된 음식과 신선한 날음식을 결합하는 것도 이에 포함된다.

메뉴 계획에서 미적 요소는 매우 중요한 사항이다. 음식뿐만 아니라 접시, 트레이, 카운터 디스플레이 등의 컬러 요소까지 메뉴 아이템을 선정할 때 조화롭게 이루어져야 한다.

한편 메뉴는 생산과 원가 관리를 위한 경영 수단으로 간주해야 한다. 따라서 메뉴 계획에서는 경영과 관련 있는 많은 요소를 반드시 고려해야 한다.

- 식재료 원가(food cost)
 – 메뉴를 구성하고 있는 식재료 비용을 의미한다.
 – 메뉴 계획에 의해 식재료 원가가 결정되므로 매니저는 식재료 구매원가 및 생산원가에 정통해야 한다.

- 생산 능력(production capability)
 – 복잡한 메뉴를 생산하기 위해 필요한 인력, 능력, 운영시간 등을 고려해야 한다.
 – 다량 생산이 가능한지, 식재료의 저장 및 보관은 얼마나 가능한지, 메뉴에 따른 적합한 조리기구가 있는지 등 주방 내 기기의 크기, 개수 및 용량을 파악해야 한다. 통상 더운 요리가 메뉴의 대부분인 식당에서는 오븐이 부족하고, 냉장고 및 냉동고의 용량은 적은 경우가 많다.

- 서비스 형태(type of service)
 – 테이블 서비스 식당과 카페테리아 식당의 메뉴가 상이한 것처럼 서비스의 형태에 따라 메뉴 계획 활동도 달라진다.
 – 단체급식이나 카페테리아 방식은 다량으로 생산된 음식을 일정한 온도와 맛을 유지하여 제공할 수 있는 시스템을 갖추어야 한다.

- 보관된 음식을 잘못 관리하면 상할 우려가 있으므로 날씨가 더운 시기에는 가열하지 않는 음식은 제외하고, 홀딩타임(유지시간)이 긴 메뉴를 고려해서 계획을 세워야 한다.

- **식재료 입수 가능성(availability of foods)**
- 외국산 및 국내산 식재료가 사계절 내내 구입 가능한지, 어느 시기에 가격이 저렴한지 체크해야 한다.
- 최상의 질을 유지하기 위해 식재료의 저장 및 보관 방법을 숙지해야 한다.
- 주변 판매출의 식재 판매 조건, 배달 횟수, 급배달 유무에 대해서도 파악해야 한다.

메뉴 계획 프로세스의 보편적인 원칙은 일반 식당이나 단체급식 모두 공통적으로 적용할 수 있다. 차이가 있다면, 단체급식을 이용하는 고객은 대부분의 식사를 건물 내의 일정 공간에서 해결한다는 점이다. 외부에 있는 많은 식당 중 하나를 선택하는 것과는 다르다고 하겠다. 일반 식당의 경우 어느 고객이 특별한 음식을 먹고 싶어 방문했는데, 매주 메뉴를 전면적으로 교체해서 그 음식을 못 먹는다면 매우 실망할 것이다. 따라서 단체급식의 메뉴 계획 과정은 고객들이 다양한 메뉴를 먹을 수 있도록 하는 프로세스가 필요한 반면, 일반 식당은 메뉴의 평판을 지속적으로 유지하고 새로운 메뉴를 마케팅 도구로 사용하기 위한 프로세스를 적용해야 한다.

일반 식당에서는 메뉴 계획을 짤 때 어떻게 하면 많이 판매할 수 있을까를 항상 염두에 두고 프로세스를 설계해나가야 한다. 일반 식당의 메뉴는 보통 고정 메뉴와 고객이 고를 수 있는 선택 메뉴 그리고 스페셜 메뉴로 구성된다. 유명 식당의 경우 각자의 스타 메뉴, 즉 특선 메뉴(signature menu)를 갖추고 있어 마케팅과 판매 촉진의 수단으로 사용하곤 한다.

상품 관리 03

표준원가율을 정하자

본래 메뉴의 원가율은 개별적으로 정해져야 한다. 그렇지 않으면 만들 때마다 원가율이 변하고 재료비 관리는 단순한 제목에 지나지 않게 된다. 사전에 정해진 원가율(당연해야 할 원가율)을 '표준원가율'이라 한다.

그러나 표준원가율이 정해져 있어도 그것만으로 비용 조절이 가능한 것은 아니다. 각 메뉴마다 표준원가율 설정이 다르기 때문이다. 한 품목만 있는 단품 장사라면 표준원가는 항상 일정하지만 일반적인 식당에서는 그럴 수 없다. 적어도 30~40 품목의 메뉴 구성이 보통이다. 따라서 어느 상품이 어느 정도 팔릴까 하는 판매 방식에 따라 총 표준원가율은 변하게 된다.

이 총 표준원가율을 계산하는 것은 간단하다. 우선 각 메뉴마다 표준원가를 내고 판매 수량과 곱해서 합친다. 이 금액을 합친 것을 매출액으로 나누면 총 표준원가율이 산출된다. 예를 들어 햄버거의 표준원가율이 35%, 판매가가 1,000원이고, 튀김은 표준원가율이 32%, 판매가가 1,200원인 경우에 햄버거가 10개, 튀김이 8개 팔렸다고 하면

개별 표준원가율 1,000원×0.35 = 350원
　　　　　　　　1,200원×0.32 = 384원

매출액 1,000원×10개 = 10,000원
　　　　1,200원×8개 = 9,600원
↓
총 표준원가율 = 33.5%

재료비율의 예산

경영자가 매월 달성하지 않으면 안 되는 재료비 예산은 어디까지나 총합한 숫자이다. 각 상품의 개별 표준원가를 지켜야 하는 것은 그렇게 하지 않으면 정확한 계수관리를 할 수 없기 때문으로, 그 자체가 목적은 아니다. 따라서 경영자는 주방장과 협의하여 각 상품의 표준원가율에 근거해 전체로서 예정 재료비율의 틀에 맞추도록 해야 한다.

그러나 각각 재료비율이 다른 상품을 30~40 품목 이상 판매하고 예산까지 달성한다는 것은 아무리 경험을 쌓아도 감에 의존하는 것만으로는 거의 불가능에 가깝다. 잘 적중한 달이 가끔 있다 해도 다른 달에 큰 폭으로 예산을 넘어선다면 10년 전의 건실하지 못한 장사 감각과 전

혀 다를 바 없다.

　재료비 예산에는 또 하나 잊어서는 안 되는 중요한 포인트가 있다. 바로 재료비율은 매년 변한다는 것이다. 재료비 예산이 계절적 변동을 예측해 매월 할당된 경우는 경영자도 대처하기 쉽다. 패밀리 레스토랑의 내셔널 체인이나 회계제도가 확실한 음식 기업에서는 일반적으로 매월 예산을 짜고 있다. 단순히 예산을 나타내는 것만이 아니라 개별 표준 원가율과 매출액 구성비를 감안한 후에 예산을 결정하는 것이다.

　그러나 일반 식당에서는 회사가 좀처럼 거기까지 생각해주지 않는 경우가 많다. 연간 예산에서 몇 퍼센트로 틀을 정해 나타낼 뿐이므로, 월마다 특성에 따른 재료비 변동을 예상하고 전체를 예산 숫자 내로 마치는 것은 경영자의 책임이다.

상품 관리 04

재료비와 인건비 관리 방법

재료비와 인건비는 외식업의 총원가 중 가장 큰 비율을 차지한다. 단순히 생각하면 이 2개의 원가가 낮으면 낮을수록 이익이 많아진다. 반대로 고객 측에서 보면 2개의 원가율이 높아지면 높아질수록 부가가치가 높아진다. 그럼 너무 높지도 낮지도 않은, 딱 정확히 균형 잡힌 원가율은 어느 정도인가. 이 숫자는 식당 운영상 가장 중요한 숫자이다.

여기에서 중요한 것은 2개의 원가를 총합으로 생각한다는 것이다. 일반적으로 재료비와 인건비 대 매출액 비율의 합계는 55% 전후가 경영 관리상 적정 원가로 되어 있다. 단, 어디까지나 일반적인 평균치로 절대적인 숫자는 아니다. 전후라고 한 것은 그 때문이다.

실제로 대박식당이라고 해도 65%인 곳도 있고 58%인 곳도 있다. 58%의 식당이 65%인 곳보다 더 벌고 있는가 하면 반드시 그런 것도 아

햄버거나 프라이드치킨 등의 프랜차이즈는 본부가 가맹점으로부터 매월 로열티를 징수하기 때문에 재료비에 인건비를 더한 비용은 높아야 50%이고, 45% 이하인 경우도 있다.

니다. 매출액의 크기가 다르기 때문이다. 같은 1%라도 매출액에 따라 그 금액은 전혀 달라진다. 따라서 일률적으로 이상적인 숫자를 들 수는 없지만 아무리 높아도 55%까지이다. 70%로는 경영이 유지되지 않는다. 어떤 업종 업태에서도 식당을 운영하는 데에는 제반 경비와 초기 조건이 일정률 들기 때문이다. 손익계산을 해보면 금방 알 수 있다.

　한편 이 '적정 원가'보다도 훨씬 낮은 숫자의 업태도 있다. 햄버거나 프라이드치킨, 라면 등이 대표적이며 프랜차이즈 시스템의 성공 사례이다. 이들 식당의 재료비에 인건비를 더한 비용은 높아야 50%이고, 45% 이하인 경우도 있다. 왜 이렇게까지 낮은 것인가?

식당의 부가가치는 상품성, 서비스, 분위기의 총합으로 정해진다는 대원칙을 잊어서는 안 된다. 고객을 만족시키는 것이 가능해야 비로소 원가를 운운할 수 있다.

    프랜차이즈 시스템에서는 본부가 가맹점으로부터 매월 로열티를 징수하기 때문이다. 로열티나 광고선전비는 월액 매출액의 3~8% 정도나 된다. 일반적인 식당의 순이익과 비슷한 정도의 로열티를 징수하고 가맹점의 이익도 올리게 하려면 50~55%라는 숫자가 절대조건이 된다. 이를 가능케 하는 것은 주재료에 가격이 낮은 고기와 밀가루를 사용한 상품 개발 및 시간제 근무자나 아르바이트 주체에 의한 운영 시스템이다. 물론 해외까지 발을 넓힌 원재료 조달, 낮은 비용으로 1·2차 가공과 배송 시스템 등을 포함한 머천다이징으로 철저한 저비용 전략을 펼친 것도 간과할 수 없다.

단, 최근 이러한 업태에 대한 소비자의 눈이 한층 엄격해진 것은 명심했으면 한다. 같은 1만 원을 지불하는데 일부러 부가가치가 낮은 식당을 선택하는 고객은 상식적으로 있을 수 없다. 이것이 경영의 어려움이고, 비용의 비율만을 조작해도 결국 벽에 부딪친다. 가장 중요한 것은 매출액이다. 바꿔 말하면, 좀 더 많은 고객에게 지지받는 것이다. 고객을 만족시키는 것이 가능해야 비로소 적정 원가라고 할 수 있다.

그럼 왜 재료비에 인건비를 더해, 2개의 원가를 합쳐서 생각하지 않으면 안 되는가. 첫 번째 이유는 물론 이것들이 외식업의 2대 원가이기 때문이다. 총원가에서 차지하는 비율이 이 정도로 크기 때문에 모든 비용 중에서 최우선으로 관리해야 한다.

그러나 이것에만 정신을 뺏기면 외식업의 사명인 '고객 만족'을 놓치고 만다. 사실은 후자 쪽이 훨씬 큰 의미를 갖고 있다. 식당은 상품과 서비스를 분리해서는 성립하지 않기 때문이다. 식당의 부가가치는 QSC(상품성, 서비스, 분위기)라는 3개 요소의 총합으로 정해진다는 대원칙을 잊어서는 안 된다. 고객을 만족시키는 것이 가능해야 비로소 원가를 운운할 수 있다. 고객을 납득시킬 수 있는 경계선, 그것이 서비스업으로서의 적정 원가이다. 재료비와 인건비를 이 정도로 억제하고 있는데도 전혀 벌지 못한다고 불평하는 식당도 적지 않은데, 매출액이 오르지 않는 것은 고객이 불만을 표명하고 있기 때문이다. 고객을 즉시 만족시킬 수 있도록 자기 식당의 숫자를 조절하지 않으면 안 된다.

재료비에 인건비를 더해 생각하는 방법은 객단가별로 구분될 수 있다. 예를 들어 스테이크전문점은 재료(쇠고기)의 품질을 직접 알려야 하기 때문에 재료비율이 높아질 수밖에 없다. 그러나 객단가가 높기 때문에 매출이익의 절대액은 확보할 수 있고, 가공도가 낮기 때문에 인건비율도 낮게 할 수 있다. 그 결과, 재료비에 인건비를 더한 비율이 적정 원가가 된다. 반대로 재료비율이 낮은 대표적인 업종은 커피점인데, 객단가도 낮고 매출이익도 낮다. 따라서 인건비율은 높아지지만 재료비율과 합치면 마찬가지로 적정 원가가 된다.

원가 조절을 생각하는 방법도 2개로 나누어진다. 음식의 품질을 중시한다면 종업원의 인건비를 낮추고, 서비스를 중시한다면 재료비를 낮추는 것이다. 예를 들어 돈가스나 생선회와 같이 가공도가 낮고 재료의 품질을 판매 포인트로 하는 경우는 전자가 된다. 반대로 여성의 서비스가 있는 바나 스낵은 후자가 된다. 좀 극단적인 예일지도 모르나 이편이 알기 쉽다고 생각한다. 단, 어디까지나 '적정 원가'여야 하고 인건비도 재료비도 너무 낮아서는 이야기가 안 된다. 재료비가 든다고 해서 서비스가 없는 것이나 마찬가지면 고객이 지지하지 않고, 그 반대도 마찬가지이다.

2개의 원가를 어떻게 배분해 균형을 잡을까는 식당의 판매 방식(콘셉트)에 따라 달라진다. 콘셉트가 애매해서는 적절한 조절을 할 수 없다. 바꿔 말하면, 식당의 QSC 스탠더드(표준)의 문제이다. 경영자의 비용 조절은 적정한 스탠더드를 설정해야 비로소 가능하다.

상품 관리
05

차별화된 상품성이 중요하다

지금 외식업계는 과당경쟁 시대이다. 지역에 따라서는 이미 포화 상태에 있고, 어떤 지역에서는 식당 도태의 시대라고 일컬어지고 있다. 자본의 대소와 관계없이 식당은 매우 냉엄한 경영 환경에 놓여 있는데 그 혹독함은 잠시라도 길거리를 걸어보면 알 수 있을 것이다. 많은 식당이 고전하고 있다. 번화가나 역세권, 상가를 중심으로 한 A급 상권에 입지해 있으면서도 부진한 식당은 셀 수 없을 정도이다.

여기서 잠시 외식업의 현황을 보자. 그러면 이렇게까지 많은 식당이 북적거리면서도 그 태반이 서로 별 차이도 없는 상품으로 경쟁하고 있음을 알 수 있을 것이다. A체인 식당의 간판을 B체인으로 바꾸는 것만으로 B체인 식당이 되어도 이상하지 않을 것 같은 상황이다. 특별히 체인점에 한한 것은 아니지만 어쨌든 정말로 차별성 있는 식당은 극소

외식업은 식음상품인 음식의 질이 낮아서는 결코 성공할 수 없다. 판매하는 음식 자체에 매력이 없으면 식사 분위기는 무르익을 수 없고, 고객에게 즐거운 시간이 되지도 않는다.

수에 불과하다. 유행의 틀 속에서 별 차이가 없는 식당들이 엎치락뒤치락 저차원의 경쟁을 벌이고 있다.

또 한 번 말하지만, 외식업은 부가가치를 파는 산업이다. 부가가치란 QSC의 3요소이다. 이 3요소 중 어느 것을 중요하게 취급하면 좋을까 하는 것은 있을 수 없다. 그러나 식당인 이상 중요한 것은 식음상품이다. 상품의 질이 낮아서는 말할 거리도 안 된다. 지금의 고객은 단순히 식사만 하는 게 목적이 아니라 식사를 통해 그 시간과 장소의 기분을 즐기는 것도 원한다고 했지만, 식사의 내용(상품 자체)에 매력이 없으면 그곳의 분위기는 무르익지 않고 즐거운 시간이 되지도 않는다.

따라서 경쟁 식당과 차별화를 추구하고 벌이가 되는 식당이 되기 위해서는 무엇보다도 우선 식음상품의 독자성, 개성을 갖추는 것이 중요하다. 자신 있는 상품이 있으면 고객은 멀리서도 일부러 찾아온다. 그러나 평범한 상품밖에 없는 식당은 근처의 고객조차 거들떠보지도 않는다. 기껏 달리 갈 식당이나 시간이 없을 때에만 이용하는 것이 고작이다.

상품에 자신이 없는 식당은 메뉴나 디스플레이를 보면 금방 알 수 있다. 대개 디스플레이부터 개성이 없다. '이 가게가 파는 것은 이것이다!' 하고 내세울 만한 상품이 없으므로 무난한 선에서 생각한다. 그 결과 어느 식당이나 모두 비슷비슷한 메뉴 구성이 되어버린다.

현대는 지겨울 정도로 계속해서 차별성이 요구되고 있다. 그럼에도 불구하고 도토리 키 재기 상태가 범람하는 것은 결국 상품에 자신이 없기 때문이다. 정말로 자신 있는 상품(메뉴)이 있다면 쓸데없이 고객의 시선만 이동시키는 상품을 쫙 늘어놓을 필요가 전혀 없을 것이다. 극단적으로 말하면 여러 상품은 필요 없다. 단지 하나의 상품만으로도 장사가 되는 것이다.

물론 상품 정책은 단순한 것이 아니다. 목표고객층의 이용 동기를 감안해 상품 구색을 결정하기 때문에 품목 수가 많고 적은 것만으로 식당의 독자성을 판단할 수는 없다. 예를 들어 팔고 싶은 상품을 눈에 띄게 하기 위해 미끼 상품이 필요한 경우도 있고, 가족 단위 고객이나 그룹 고객의 다양한 요구에 부응해야 하는 식당도 있다. 고객에게는 메뉴표를 보면서 뭘 먹을까 망설이는 것도 중요한 부가가치이다. 이는 식당 콘셉트의 문제이므로 일률적으로 말할 수는 없으나, 상품 자체의 품질(quality)뿐만 아니라 상품 구색에도 중요한 의미가 있다는 것은 알아두어야 한다.

필자는 식당 경영에 대해서 식당에 대한 전통적 발상보다는 파괴적 발상이 중요하다고 말하고 싶다. 최근에는 퓨전식당과 같이 새로운 장르의 식당이 늘어나고 있는데, 종래의 전통적 발상에서는 결코 나올 수 없는 곳들이다. 이들 식당의 콘셉트나 발상은 처음부터 전통을 무시하고 있다. 최초에 팔고 싶은 메뉴가 있었겠지만 그것만으로는 고객들을 유혹하기 어렵기 때문에 '퓨전'과 같은 형태로 변화하는 것이다.

대박 콘셉트가 나오면 바로 흉내 내는 사람들이 있는데, 대박식당이란 벼락치기로는 잘되지 않는다. 고객이 매력을 느끼고 선호하는 것은 식당이 아니라 상품에 대해서이다. 따라서 그 발상의 순서가 반대로 되면 결과도 반대가 된다. 이러한 발상을 가진다면 다른 식당과 같은 메뉴 구성으로 안심하고 있는 식당이 경쟁자와 차별화될 리가 없고, 거기에는 메뉴 정책이 전혀 없다는 사실을 잘 알 수 있을 것이다. 식당의 최대 차별화된 상품은 강렬한 개성을 발하는 메뉴인데, 이러한 상품은 파괴적 발상에서 생겨난다.

그럼 개성 있는 상품, 차별화된 메뉴란 어떠한 상품인가? 이렇게 말하면 뭔가 굉장히 특별한 메뉴를 떠올리는 사람이 있지만, 그런 것은 아니다. 같은 메뉴명이라도 내용이 다르고 모양이 다르며, 다른 식당에서는 맛볼 수 없다면 훌륭히 차별화된 상품이다.

발상을 전환하기 위해 사람의 개성을 생각해보면 좋다. 백인백색이

개성 있는 상품과 차별화된 메뉴는 사실 특별한 것이 아니다. 같은 메뉴명이라도 내용과 모양이 다르고, 다른 식당에서 맛볼 수 없는 맛이라면 훌륭히 차별화된 상품이 될 수 있다.

라 해도 이목구비, 체형 모두 극단적으로 다른 것은 아니다. 그 사소한 차이에 사람 사람의 외견상 개성이 있다. 내면적인 것이라도 차이가 그리 크지는 않을 것이다. 그럼에도 불구하고 사람의 인상이라는 것은 각각 큰 차이가 있다. 식당의 상품도 마찬가지이다.

　단순히 신기함만으로는 일시적인 화제는 될 수 있어도 자리를 잡는 것은 어렵다. 중요한 것은 전부터 있던 메뉴를 조금이라도 바꿔 새롭게 하는 것이다. 이것이 전문 메뉴를 개발하고 원조 격의 식당이 되는 방법이다. 결국 이러한 독창성(originality)이란 특별히 맛만의 문제도 아니며, 모양이나 그릇에 담는 방식을 바꾸면 좋다고 하는 사람도 있지만 그것이 전부는 아니다. 맛도, 외관도 독창성을 표현하는 하나의 요소에 불과한 것이다.

외식은 레저라고 했는데, 레저라면 더 다양한 각도에서 즐거움을 추구할 필요가 있다. 거기에서 오리지널 상품 발상의 열쇠가 되는 것은 인간의 오감에 호소한다는 점이다. 시각(눈), 청각(귀), 미각(혀), 후각(코), 촉각(손) 중 하나라도 매우 뛰어난 요소가 있다면 그것은 오리지널 상품으로서 통용된다. 시각과 미각에 대해서는 말할 것도 없지만 청각이나 후각, 촉각에 대해서는 식당의 관심은 아직 뒤떨어져 있다. 그리고 계절감의 표현이 있는데, 사계절의 변화가 음식에 반영된다면 매우 좋을 것이다. 그러한 요소를 상품에 반영하면 한층 강력하고 차별화된 매력을 갖춘 상품이 된다.

이와 같이 상품에 의한 차별화란 단순하지는 않지만 결코 어려운 것도 아니다. 어쨌든 식당은 우선 상품(메뉴)이 중요한 것이다.

경비를 줄이는 방법

식당의 제반 경비는 여러 가지가 있지만 그 중에서도 큰 비중을 차지하는 게 전기, 가스, 수도 등 에너지 비용이다. 매출액에 대한 에너지 비용의 비율은 일반적으로 5~8% 전후이다. 즉 일반적인 식당이 적정한 경비를 사용해 얻을 수 있는 이익과 거의 비슷한 금액이다. 따라서 이 비용에 대한 조절도 이익을 창출하기 위해 중점적으로 취급할 필요가 있다.

에너지 비용을 관리하기 위해서는 우선 이것이 변동비라는 것을 확실히 인식해야 한다. 바꿔 말하면, 그 사용량이 매출액에 대해서 적정한지 항상 체크할 필요가 있다. 이를 위해서는 매출액에 대응한 수도광열비 각각의 표준 사용량을 설정해야 한다. 수도광열비가 매월 일정하지 않다는 것은 누구나 알고 있다. 그러나 '그래서 변동비'라는 생각은

식당 제반 경비 중 큰 비중을 차지하는 게 전기, 가스, 수도 등의 에너지 사용 비용이다. 물을 틀어놓거나 누수된 수도 요금의 낭비 등을 체크하고, 불필요한 전기 낭비와 가스 사용도 점검해야 한다.

잘못된 것이다. 어디까지나 그 사용량이 매출액에 대해 어떠했는지가 중요하다.

    에너지 비용은 공공요금이다. 그 때문에 아무래도 '쓴 만큼 지불한다'는 것이 되기 쉽다. 즉 낭비가 있어도 체크하지 않은 채 내버려두기 쉽다. 그러나 수도광열비의 낭비는 어느 식당에나 있다. 물을 틀어놓거나 누수된 수도 요금의 낭비, 조명을 끄는 것을 잊거나 필터 오염이 원인인 에어컨, 냉장고 같은 전기 요금의 낭비, 불을 켜놓은 채 놔두는 가스 요금의 낭비 등 조금만 둘러보면 다양한 낭비를 무의식중에 하고 있음을 깨닫게 될 것이다.

그리고 이러한 사소한 낭비가 쌓여 비용이 크게 증가한다. 비용 관리에서는 '이 정도는 괜찮겠지······'라는 생각은 절대 안 된다. '그런 작은 것까지······'라며 무시하려는 경영자도 있겠지만, 그 작은 노력을 쌓아가야 비로소 이익이 확보되는 것이다. 대충 하는 계수관리란 있을 수 없다는 것을 명심했으면 한다.

수도광열비 관리의 기본은 사용량 점검이다. 경영자 스스로가 자신의 눈으로 검침을 하고 사용량을 산출하는 것이다. 적어도 주 1회, 가능하면 매일 같은 시각에 실시할 필요가 있다(주 1회의 경우는 매주 같은 요일, 같은 시각에 실시). 지금까지 에너지 비용에 대한 의식이 낮았던 식당이라면 우선 1개월간 매일 검침해봐도 좋다. 사소한 낭비에 의해 사용량이 꽤 변하는 것을 자신의 눈으로 확인할 수 있다. 그것을 종업원에게 알리고 낭비하지 않는 습관을 들이도록 철저하게 교육하는 것도 경영자의 책임이다.

사용량 체크로 나온 숫자가 과연 매출액에 대응한 사용량(표준 사용량)이었나 확인하는 것도 중요하다. 혹시라도 극단적인 이상치가 발생한 경우에는 즉시 현장 상황을 점검하지 않으면 안 된다. 이를 통해 배선이나 배관의 이상도 발견할 수 있으므로 사고 방지에도 도움이 된다. 또한 사용량을 사용 요금으로 환산해두면 주간 단위로 매출액과 대비할 수도 있다. 이 경우 기본요금이 있기 때문에 어림셈이 되지만 경비가 적정한가, 부적정한가 판단하는 자료이므로 특별히 문제는 없다.

제반 경비에서 에너지 비용 다음으로 중점 관리해야 하는 것이 비품, 소모품이다. 특히 식기는 아무리 주의해도 반드시 파손된다. 문제는 그 파손에 의한 손실(보충하는 식기 비용)만이 아니다. 식기를 제대로 갖추지 않으면 기회 손실이나 작업 손실을 일으킨다.

예를 들어 홈이 있는 식기를 사용하면 틀림없이 식당의 평판이 떨어지고, 최악의 경우는 고객이 상처를 입을 수도 있다. 결과는 말할 것도 없이 고객 수의 감소이다. 또 식기 수가 부족하면 붐비는 시간에 반드시 식기가 모자라게 된다. 거기서 다른 요리의 접시를 사용하면 식당의 신용은 확실히 떨어진다. 나아가 설거지도 복잡해지고, 빨리 식기를 보충하라고 다그치면 제대로 행구지 못해 오염된 식기를 사용할 위험성도 있다. 당연히 홀의 서비스 작업도 혼란을 일으키고 만다.

대책은 식기별로 필요수량을 할당하고 항상 표준 재고량을 확보해 두는 것이다. 필요수량은 피크 시간의 고객 수, 객석 회전수, 메뉴별 판매 수를 집계하여 산출할 수 있으며, '필요수량×110~120%' 정도로 설정하는 것이 일반적이다. 단, 계절 등에 따라 변화하는 것을 잊어서는 안 된다. 따라서 필요수량의 할당은 계절별 또는 매월 행하고, 현실에 입각한 데이터로 해야 한다.

다음으로 구체적인 관리 방법인데, 이것은 재료비 관리와 마찬가지로 매월 정확한 재고 조사가 필요하다. 또한 종이 냅킨이나 화장실 휴지, 세제 등의 소모품에 대해서도 마찬가지로 표준 재고량을 설정해 매월 1회 재고 조사를 실시해야 한다. 소모품은 고객 수에 따라서 소비량이 변화한다. 또 한 번에 대량으로 발주하면 보관 장소나 발주 금액에 문제가 생긴다. 따라서 매월의 매출액에 대한 경비로 관리하기 위해서는 재고 조사가 반드시 필요하다.

일반적으로 경영자는 홀의 서비스 업무에만 몰두해 식자재 관리에 대한 관심이 적어지기 쉬운데 이래서는 안 된다. 경영자는 사람, 물건, 돈을 잘 관리해야 한다. 이 중 사람에 대해서는 안다고 해도 물건과 돈은 무엇인가? 식자재(술 등의 상품 포함)와 식당 설계이다. 내점고객 수에 따른 인원과 식자재를 확보하고, 식당이 항상 쾌적하도록 관리하는 것은 경영자의 책임이다.

조리와 관련된 일은 주방장의 책임이라 생각하기 쉽지만 그렇지 않다. 조리 기술은 주방상의 관할이지만, 식자재 품질 관리는 경영자의 책임 업무이다. 일반적으로 실제 관리 업무는 주방장이 하지만 편의상의 역할 분담을 하고 있을 뿐이다. 매출액이라는 이익의 책임은 주방장이 아닌 경영자가 지기 때문이다.

또 쉽게 잊기 쉬우므로 주의를 촉구해둘 것은 식자재는 물건인 동시에 돈이기도 하다는 점이다. 돈이 형태를 바꾼 것뿐이다. 예를 들어 당근 하나가 썩어서 버리면 그 대금을 버리는 것과 같다.

이익 = 매출액 – 재료비 – (인건비 + 제반 경비)

식당의 계수관리는 모두 이 등식에서 출발한다고 해도 과언이 아니다. 노동생산성이나 노동분배율이 관리상 매우 중요한 수치라는 것은 이미 서술했지만, 이것들의 수치는 매출이익률에서 산출된다. 즉 '매출이익 = 매출액 – 재료비'이다. 이 수치가 정확하지 않으면 거기에서 도출되는 노동생산성도, 노동분배율도 정확하게 파악할 수 없다. 기초가 되는 숫자의 신뢰성이 낮으면 숫자 관리 의미는 반감되어버린다.

정확한 매출이익을 파악하기 위해서는 정확한 재료비를 계산하지 않으면 안 된다. 이를 위해 필요한 작업이 식자재의 재고 조사이다. 정확한 재료비는 다음 산출식으로 계산된다.

전월 재고량 + 당월 매입량 – 당월 재고량 = 당월 사용량

이 중 당월 매입량은 납품전표를 집계하면 알 수 있다. 문제는 주방이나 창고, 홀 등에 있는 재고이다. 이 재고량은 재고 조사로밖에 파악할 수 없다. 재고 조사가 필요한 것은 이 때문이다.

종종 매입량을 그대로 재료비로 보는 경영자가 있는데, 이래서는 전혀 숫자 관리가 되지 않는다. 물론 매입량과 재료비가 같은 경우도 논리상으로는 있을 수 있다. 전월 말 재고량과 당월 말 재고량이 같은(전월 재고량 = 당월 재고량) 경우지만 현실에서는 있을 수 없다.

이미 언급했지만 재료비, 인건비, 수도광열비 등의 제반 경비는 매출액에 따라서 증감하는 경비(변동비)이며 경영자의 관리 가능 경비이다. 재료비는 금액이 클 뿐만 아니라 상품의 질을 결정하는 요인이다. 그러한 의미에서 경영자는 정확한 재료비를 꼭 파악해야 하지만, 현실에서는 재고 조사를 제대로 하지 않거나 했다고 해도 대충 하는 식당이 많다. 매우 바쁘거나 일손이 부족해서라고 하지만, 필자가 보기에는 경영자가 재고 조사의 의의를 제대로 이해하고 있지 않기 때문이다.

바꿔 말하면, 정확한 재료비 파악의 중요성을 전혀 인식하고 있지

정확한 재고 조사를 위해서는 재고 조사를 쉽게 할 수 있는 시스템을 만들어둘 필요가 있다. 그렇지 않으면 재고 조사를 할 때 시간이 많이 걸려 도중에 그만두게 된다.

않기 때문이다. 좀 심한 말일지도 모르지만, 그런 식으로 말하지 않으면 안 될 정도로 중요하다는 것을 알았으면 한다. 재고 조사를 정확하게 실시하지 않는 이유로는 재고량 자체가 너무 많거나, 재료의 저장 장소가 일정하지 않거나, 재료의 포장 단위가 제멋대로라서 수량을 파악하기 어려운 것 등을 들 수 있다. 요약하면, 재고 조사를 하려고 해도 시간이 너무 걸리므로 귀찮아져서 그만두고 마는 것이다.

 정확한 재고 조사를 위해서는 우선 재고 조사를 쉽게 할 수 있는 시스템을 만들어둘 필요가 있다. 1~2시간이나 걸리기 때문에 그만 겁을 먹고 마는데, 30분도 걸리지 않고 재고 조사를 할 수 있다면 일손 부족을 이유로 들 정도의 작업은 아니다. 재고 조사를 쉽게 하는 비결은 다음과 같다.

① 적정한 표준 재고량을 정해둔다.
② 재고 조사표와 재료 단가표를 준비해둔다.
③ 재료의 저장 장소를 정리 정돈한다.
④ 재료의 배열 순서와 재고표에 기입한 순서를 일치시킨다(주요 재료에 대해서는 재고 조사표에 미리 인쇄해둔다).
⑤ 재료의 포장 단위를 통일한다.
⑥ 액상 재료(소스, 수프류)의 계산 방법을 정해둔다.

대체로 식당의 영업이익률은 일반 소매업과 비교할 때 대단히 높다. 음식에 부가가치를 얹어 팔기 때문이다. 일반적으로 식당을 포함한 외식업을 서비스업으로 분류하는 것은 이 때문이다. 즉 이익률이 높은 만큼 걸맞은 부가가치가 있어야 한다. 고객이 느끼는 가치인 부가가치가 작으면 고객들은 당연히 제대로 평가해주지 않는다. '부당하게 높은 값을 치렀다'고 생각하기 십상이다.

그러면 외식업의 부가가치는 무엇일까? 필자는 이것을 외식업의 QSC, 즉 상품성(quality), 서비스, 분위기(concept)라고 주장한다.

상품 관리 07

외식업의 성공을 좌우하는 QSC

상품성(맛, 위생, 신선도 등등)은 고객이 충분히 납득할 만한 수준인가? 서비스업으로서의 수준을 유지하고 있는가? 식당의 외관이나 홀 내부는 음식을 먹기에 좋은 분위기를 유지하고 있는가? 이들 세 가지 수준이 지불하는 돈과 비교해서 정당하다고 인정되면 그 식당에는 고객이 몰려들게 된다. 그리고 그 수준이 높으면 높을수록 식당은 번성하게 된다.

QSC = 식당의 가치

고객이 식당에 대한 평가를 내리는 것은 보통 식사를 끝내고 계산대에서 돈을 낼 때이다. 식당에 들어가는 순간부터 분위기를 느끼고, 메뉴판으로 메뉴와 가격을 한눈에 알며, 음식을 먹으면서 맛과 서비스

QSC의 수준을 결정하는 것은 식당을 운영하는 경영자이다. 경영자가 생각하여 설정해둔 QSC의 총체적인 수준을 몸에 익히고, 그것을 항상 고객에게 제공할 수 있어야 한다.

수준을 평가한다. 음식을 다 먹을 때까지는 그것들은 그저 그런 정도의 가치로만 여겨진다. 그런데 계산대에서는 그렇지 않다. 사람은 구체적으로 지갑을 열 때 가장 진지하기 마련이다. 이때 고객이 비싸다고 느낄까, 싸다고 느낄까? 그때가 식당의 흥망을 결정짓는 순간이다. QSC는 바로 이러한 순간을 결정짓는 중요한 요인이다.

식당의 가치는 어디까지나 QSC 3요소의 통합력으로 결정된다. 물론 식당은 음식을 파는 곳이므로 상품은 음식이 된다. 그러나 식당에서 판매하는 것은 음식뿐만이 아니다. 음식과 더불어 인적 서비스, 분위기 등이 진정한 의미에서의 상품인 것이다. 반대로 이들 3요소가 균형을 이루지 못하면 고객으로부터 외면받게 된다. '우리 집은 맛있으니까……'라고 너무 자신해서 서비스와 분위기는 신경 쓰지 않는다면 대개 성공과는 멀어지게 된다.

'우리 집은 맛있는데……'라는 착각은 식당에서 판매하는 게 음식뿐이라고 생각했기 때문이다. '맛있으면 손님이 많이 온다'라고 단순하게 생각한 것이다. 요즘 고객들은 단순하게 맛있다는 것만으로는 만족하지 않는다. 맛있는 것은 식당의 당연한 조건이라고 생각한다. 이제는 더 뛰어난 맛과 싼 가격이 없으면 음식만으로 고객을 불러들이기는 힘든 시대가 되었다.

앞에서도 설명했지만, 식당의 영업이익률이 슈퍼마켓 같은 소매점 등과 비교해서 압도적으로 높은 것은 상품에 부가가치가 포함되어 있기 때문이다. 음식이 조금 맛있는 것만으로는 재료 원가의 3배나 되는 가격을 손님들에게 납득시킬 수 없다. 조리 기술도 부가가치의 한 요소이지만, 서비스와 분위기가 조화를 이룰 때 그 가치가 살아 숨 쉬는 것이다.

또 서비스 요원이 있다고 해도 그 서비스 수준이 낮으면 고객은 서비스라고 생각하지 않는다. 반대로 아무리 세심한 서비스를 해도 음식이 맛없거나 지저분하면 고객은 발길을 돌려버린다. QSC 3요소는 이처럼 통합적인 형태로 기능하는 것으로, 그 종합적인 부가가치가 식당에 대한 고객의 평가 대상이 된다.

경영자의 입장에서 QSC에 대해 생각해보자. '3요소의 수준은 어느 정도여야 하는가?'라는 문제에 직면하게 된다. 결론부터 말하면, 그 수준을 결정하는 것은 경영자이다. 경영자가 생각하여 설정해둔 QSC의 총체적인 수준을 몸에 익히고, 그것을 항상 고객에게 제공할 수 있도록 하는 것이다.

    이 QSC에 관한 경영자의 총체적인 수준을 스탠더드(표준)라고 한다. 물론 경영자인 독자의 경험과 지식을 살려서 개선책을 강구해야 한다. 하지만 스탠더드는 어디까지나 경영 이념과 전략에 기초한 것이라는 사실을 잊어서는 안 된다.

메뉴 가격 결정

메뉴 가격을 결정한다는 것은 경영자적인 결단을 요구하는 가장 어려운 부분이다. 메뉴 가격에는 식당을 운영하는 데 필요한 모든 비용, 즉 식재료 원가, 인건비, 임대료, 수도광열비, 광고비 등의 기타 운영비가 포함되어야 한다.

또한 경쟁사와의 가격 비교와 고객이 느끼는 가치를 고려하여 메뉴 가격을 산정해야 한다. 오늘날에는 메뉴 가격 산정을 위해 컴퓨터를 이용하기도 한다. 푸드 서비스 경영과 관련된 소프트웨어 프로그램에는 가격을 산정하는 데 도움을 주는 기능도 있다. 판매에 따라 메뉴별 판매량, 포션 사이즈, 식재료 코스트, 이익률 등이 계산되어 이를 토대로 경영자적 판단을 내릴 수 있다.

메뉴 가격을 결정하기 위해서는 여러 가지 방법이 쓰이다. 먼저 선험적 방법으로, 고객들이 음식 가격을 지불하는 데 동의하는 선을 추론하여 가격을 결정하는 방법이다. 과학적인 근거가 없는 원시적 방법이나, 가격에 대한 저항선이 없는 최고급 서비스 식당 또는 차별화된 틈새 전문식당에서 주로 사용한다.

또 경쟁사 가격 분석 방법이 있다. 주변 동종 식당에서 받는 가격보다 약간 높게, 또는 약간 낮게 책정하는 방법이다. 경쟁이 극심한 지역에서는 지속적인 가격 저하를 불러일으켜 서로 출혈 경쟁을 야기할 가능성이 있다. 맥도날드와 롯데리아의 가격 할인 경쟁이 좋은 예이다.

좀 복잡하게 보이는 방법은 원가에 따른 가격 결정 방법으로, 가격을 결정하는 데 가장 흔히 쓰이는 전통적 방법이지만 현대에 와서도 여전히 통용되고 있다. 여기에는 다음과 같은 방식이 있다.

원가에 따른 가격 결정 방법

☑ 인자법 (Factor Method)

마크 업Mark-up 가격 결정 방법이라고도 하며, 원재료 구매가격에 가격결정인자(pricing factor)를 곱하여 판매가를 구하는 방식이다. 가격결정인자는 보통 100에서 희망하는 식재료 원가율을 나누면 된다. 희망하는 원가율이 30%라고 하면 가격결정인자는 100÷30=3.33이 된다.

예를 들어 스파게티 원재료 구매가가 모두 1,500원이고 희망하는 원가율은 30%라고 할 때 인자법으로 판매가를 결정하면 간단하나, 원재료 원가 이외의 다른 비용 요소들, 즉 인건비, 수도, 가스료, 광고비를 비롯해 임대료, 세금 등 기타 경비들은 메뉴 가격에 포함되지 않았다는 결점이 있다. 또한 고객 입장에서 느끼는 메뉴의 가치에 대한 고려가 없다.

☑ 정액법 (Prime Cost Method)

원재료 가격뿐만 아니라 메뉴를 준비하는 데 쓰인 인건비도 포함시켜 가격을 결정하는 것이다. 서비스, 위생, 그리고 사무실 근무 인력들의 인건비는 포함되지 않는다.

예를 들어 스파게티를 준비하고 요리하는 조리사의 한 달 인건비 100만 원을 한 달 동안의 스파게티 판매량 500개로 나누면 스파게티 1개당 관련 메뉴의 주방 인건비는 2,000원이 된다. 스파게티 원재료가가 1,500원이라면, 프라임 코스트는 1,500+2,000=3,500원이다. 프라임 코스트 비율을 전체 코스트의 50%로 가정하면 결정인자는 100÷50=2이다. 그러므로 정액법을 통한 스파게티 판매가는 7,000원이다. 이 방법의 단점은 직접적인 인건비는 고려했지만 그 밖의 운영 비용이나 얼마간의 이익을 확보해야 하는지는 고려하지 않는다는 것이다. 또한 고객이 느끼는 가치에 대한 반영도 없다.

☑ 실거래가법 (Actual Pricing Method)

식당을 운영하는 데 필요한 모든 원가를 산출한 뒤 적정 이익률을 산정하여 메뉴 가격에 포함하는 방법으로, 메뉴가에 모든 코스트와 원하는 이익률을 반영하여 가격을 결정할 수 있다. 하지만 경영목표에 맞게 어떤 아이템은 마진을 적게 하여 판매를 촉진한다든지, 어떤 아이템은 판매가 적더라도 마진을 높게 가져간다든지 등 각 메뉴별로 판매와 이익률을 차별화할 경우에는 복잡한 과정을 거쳐야 하는 어려움이 있다.

한편 마케팅 측면에서 메뉴 가격을 정할 수도 있다. 메뉴 가격을 산출하는 데 고객의 심리를 이용하면 구매 의욕을 불러일으켜 매출을 높일 수 있다는 관점에서 사용되는 기법이다.

☑ 5, 7, 9 숫자 Pricing

메뉴가의 끝을 0이 아닌 근사치의 숫자로 끝나게끔 하는 방법이다. 예를 들어 9,900원 또는 4,750원 등으로 가격을 매겨 할인받고 있다는 기분이 들게 만드는 것이다. 이 방법은 패스트푸드와 같은 저단가 메뉴를 판매하는 식당에서 사용할 수 있으며, 고급식당에서는 피해야 한다. 너무 진부해서 오히려 고객의 거부감을 불러일으킬 수도 있다.

☑ 메뉴의 가격 편차

고가 메뉴와 저가 메뉴 간의 가격 편차를 고의로 심하게 하여 고객들이 중간 가격대의 메뉴를 자연스럽게 결정하게끔 유도하는 방법이다.

☑ 중량 또는 일정 기준에 의한 가격 책정

샐러드 바나 반찬 가게에서 흔히 볼 수 있는 방식이다. 가격을 올리면 고객들의 불만이 커지지만, 자신이 선택한 양만큼만 저울에 달아 정량적인 방식으로 계산을 한다면 불만은 작아진다. 또한 고객이 원하는 만큼 접시에 담아 한 접시에 얼마 하는 식의 일정 기준에 따라 가격을 정하면 고객의 구매를 유도할 수 있다.

☑ 세트 메뉴 또는 정식(Table d'Hote)

애피타이저, 앙트레, 디저트를 결합시켜 따로따로 주문한 것보다 약간 할인된 가격으로 제공하는 방법이다. 패스트푸드 식당뿐만 아니라 일반 고급식당에서도 특정 식재료를 빨리 소진시키고, 객단가를 일정하게 유지하려는 목적으로 사용한다.

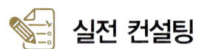 **실전 컨설팅**

많이 팔아도 낮은 수익률로
고민하는 고깃집

　　2010년 서울 개봉동 주택가에서 박 씨 모녀가 생고기 구이전문점을 오픈했다. 폐점한 곱창전문점을 인수한 다음 간판과 내부 시설 일부를 바꾸어 리모델링했는데, 장사 경험이 전혀 없는 상태에서 운영하느라 많은 어려움을 겪었다.

　　오픈 초기에는 박 씨 혼자 매장 운영을 전담하면서 종업원 3명과 손발을 맞춰 일했다. 매장 업무가 바쁠 때는 직장인인 딸 윤 씨가 가끔 매장에 나가 일을 도왔다. 5개월 정도는 매장 운영이 순조로웠지만, 가장 큰 문제는 원가가 낮은 것. 돼지갈비 3인분을 1만 원에 판매하여 '푸짐한 집'으로 소문은 났지만, 판매를 많이 해도 정작 손에 쥐는 돈은 별로 없었다.

　　이렇게 원가가 낮았던 이유는 박 씨의 후한 인심 때문이었다. 고객에게 먹는 것을 넉넉히 제공해야 재방문이 늘어 매출이 향상된다는 생각을 가졌던 것.

　힘들게 매장을 운영해도 매월 수익이 나지 않자 딸 윤 씨가 매장 운영에 전념하기로 하고 합류했다. 윤 씨가 합류하면서 주방실장과 찬모는 그만두었고, 현재는 모녀와 정규직 종업원 1명, 파트타임 아르바이트 2명이 일하고 있다.

　원가 문제와 더불어 해결해야 할 문제는 또 있다. 처음에는 정육식당으로 운영하려고 도입했던 냉장고가 처치 곤란인 것. 유동인구가 별로 없는 곳에서 정육식당을 운영하니 식자재 회전율이 떨어져 쉽게 상하는 바람에 일반 구이전문점으로 운영하고 있기 때문이다.

　매장이 주택가에 위치하여 신규 고객 창출이 어렵고, 유동인구가 한정적이다 보니 매일 매출 편차가 큰 편이다. 잘되는 날은 하루 100만 원 이상, 매출이 낮을 때는 30만 원 미만인 적도 있다. 매출 편차가 극심하여 정규직 종업원 수를 최소화하는 방법으로 해결하고 있지만, 바쁠 때는 윤 씨의 아버지와 남동생까지 임시로 일을 돕고 있어 불편하다.

 **컨설팅**

| 원가 계산 철저히
POS(point of sales) 시스템을 활용해야 한다. IT 기기 조작이 어려운 어머니는 해당 시스템을 사용하는 데 어려움을 겪었지만, 윤 씨가 매장 운영을 전담하게 되었으므로 충분히 활용해 매출 대비 원가를 계산해야 한다. 원가를 줄이기 위한 방안도 연구해야 한다. 현재는 식자재를 정해진 거래처에서만 받고 있지만, 시간적인 여력을 만들어 발품을 팔면서 식자재 가격을 비교하여 구입해야 한다.

| 홍보 여력 만들어 무조건 시행
초기에는 전단지 홍보 마케팅을 벌였으나, 수익이 나지 않아 몇 개월간 홍보를 소홀히 했다. 깔끔하고 맛있는 음식 덕분에 맛집으로 소문난 만큼 신규 고객이 매장을 방문하고 이후 재방문할 수 있도록 꾸준히 홍보를 해나가야 한다. 주택가에 위치한 매장인 만큼 아파트 단지에 전단지를 돌리는 방법이 가장 좋다.

| 구이전문점 느낌이 물씬 풍기도록 홍보
매장을 방문하면 구이전문점이라는 느낌을 받을 수 있는 홍보물이 전무한 상황이다. 고기의 원산지 표시는 물론, 고기를 먹은 후 찾게 되는 사이드 메뉴에 대해서도 재미있는 문구들을 개발하여 붙여둘 필요가 있다. 내부 홍보물 외에도 외부 역시 구이전문점을 재미있게 표현한 홍보물을 부착하면 고객들의 발길을 잡을 수 있다.

스타리치북스 출간도서

당신이 별처럼 빛날 수 있도록!

대한민국 CEO를 위한
법인 컨설팅 1, 2

CEO가 꼭 알아야 할 법인 컨설팅의 모든 것!

10년 가까이 현장에서 배우고 쌓은 저자의 노하우를 더 많은 고객들과 공유함으로써 그들의 고민을 해결하기 위해 출간되었다. 2권으로 나누어진 이 책의 1권에는 기본 이론과 내용들이, 그리고 2권에는 구체적인 실행전략과 아이디어들이 담겨 있다. 증여, 지분 이전, 부동산 및 금융자산의 운용, 명의신탁, 가업승계, 인사노무관리 등 풍부한 현장 경험 사례를 통해 구체적인 전략을 제시함으로써 이제는 CEO들이 제대로 평가받고, 제대로 된 기업으로 성장시켜 지속기업으로 발전할 수 있도록 지원하고자 한다. 기업이 성장함에 따라 겪게 될 문제들을 미리 알고 철저히 대비한다면 세금 폭탄 같은 날벼락은 피해 갈 수 있을 것이다.

김종완 지음 | 1권 288쪽 · 2권 376쪽 | 신국판 | 각 권 20,000원

잡 job 아라
미래직업 100

변화 속 거대한 미래직업의 흐름을 주시하라!

미래에는 로봇 혁명을 통해 전혀 새로운 일자리와 노동 시장이 만들어질 전망이다. 인간을 채용하는 대신 새로 개발된 기계를 활용하고 3D 프린팅, 무인차, 무인기, 사물인터넷, 빅데이터 등 시대의 패러다임을 바꿀 기술들이 노동 시장을 뒤흔들 것이다. 이 책은 이러한 문제점에 접근하기 위해 미래 노동 시장과 일자리를 끊임없이 추적한 성과물인 100가지의 미래 유망직업에 대해 서술하고 있다. 건강하고 안전한 미래, 편리하고 스마트한 미래, 상상이 현실이 되는 미래, 지속성이 보장되는 미래 이렇게 총 4챕터로 이루어져 있고 짧은 글들로 짜였지만 미래 노동 시장과 산업 전반에 대한 내용과 통찰력이 압축돼 있다.

곽동훈 · 김지현 · 박승호 · 박희애 · 배진영 지음 | 444쪽 | 신국판 | 값 25,000원

기업가치를 높이는
재무관리

기업의 가치와 신용평가는 재무관리에서 비롯된다!

정보화 사회로 변화해가면서 신용사회라고 할 만큼 신용평가에 관한 관심이 점차 커지고 있다. 국가 신용등급의 등락이 그 나라의 채권가격뿐만 아니라 경제에도 많은 영향을 미치고, 기업에 대한 신용평가는 기업의 여신 규모와 금리에 영향을 주기 때문이다. 이 책은 산업현장에서 CEO와 자금담당 임원, 직원들이 경영활동을 하면서 겪게 되는 재무관리와 관련된 애로사항이나 궁금한 점을 다양한 사례를 바탕으로 쉽게 풀어놓았다. 또한 기업경영에 실질적으로 접목할 수 있도록 기업의 가치를 극대화하고 안정적인 성장기반을 갖춘 강한 기업으로 거듭날 수 있도록 스토리를 전개하였다.

이진욱 지음 | 416쪽 | 4×6배판 | 값 25,000원

백인천의 노력자애

한국 프로야구의 전설, 백인천의 리더십

한국 프로야구 불멸의 타율 4할, 백인천의 인생철학과 그가 새겨놓은 프로야구의 역사를 책 한 권에 담았다. 반평생을 오직 야구 인생으로 살아온 백인천의 발자취를 돌아보면서 야구와 건강 두 마리 토끼를 쟁취하기 위해 혹독한 훈련을 견뎌 불멸의 4할 타자, 백인천의 이름이 프로야구의 전설로 남아있게 된 것이다. 이 책은 총 10장으로 구성되었으며 백인천 감독이 야구와 같은 인생을 살았듯 이 책의 콘셉트 역시 야구 경기처럼 1회 초부터 9회 말과 연장전 그리고 하이라이트 순으로 이어진다. 야구 프로에서 건강 프로가 되기까지 백인천 감독의 인생을 통해 독자 여러분도 인생의 진정한 프로로 거듭나기를 희망한다.

백인천 지음 | 388쪽 | 신국판 | 값 20,000원

www.facebook.com/starrichbooks

성과를 지배하는 스토리 마케팅의 힘

마케팅의 성공 비결은 스토리와 공감이다!

세상이 하루가 다르게 변하고 있고 고객의 마음도 초단위로 바뀌고 있다. 누가 한 분야에서 성공했다 하면 모방하는 이들이 빠르게 나타나 순식간에 시장을 나눠가진다. 우리가 사는 21세기의 현실이 이렇다. 기술이 좋고 제품이 훌륭한데도 매출로 연결하지 못하는 기업들의 결정적인 맹점은 '스토리'가 부족하다는 것이다. 이제는 기술과 제품을 뽐내기만 할 것이 아니라 고객의 마음부터 들여다보아야 한다. 수시로 변하는 고객의 마음을 휘어잡는 열쇠, 마케팅! 그 근간에는 자신만의, 자사만의 스토리가 있어야 한다. 이 책이 전하는 스토리 마케팅을 활용한다면 두꺼운 충성고객층과 함께 꾸준한 성과를 창출할 수 있을 것이다.

조세현 지음 | 360쪽 | 신국판 | 값 20,000원

부의 얼굴, 신용

역사에서 통찰하는 선인들의 성공 비결, 신용 처세술!

무형의 재산으로 유형의 재산을 넘나드는 파급력을 지닌 '신용'. 대대손손 부를 부르는 사람들에게는 남과 다른 신용이 있었다. 역사소설의 대가 이수광 작가가 오랫동안 축적해온 방대한 역사적 지식에 신용을 접목한 이 책은 눈앞의 이익에 눈이 멀어 속임수를 쓰지 말라는 메시지와 함께 책임 있는 언행이 인격의 뿌리가 되어야 한다고 강조하고 있다. 현대를 사는 독자들이 구한말 조선 최고의 부자이자 무역왕으로 군림했던 '최봉준', 한나라의 전주 '무염' 등 역사 속 실존인물들이 신용을 발판으로 성공한 이야기를 가슴에 담고 신용을 생활화함으로써 '인복人福'과 '부富'를 부르는 귀인貴人이 되기를 기원한다.

이수광 지음 | 352쪽 | 신국판 | 값 16,500원

성과를 지배하는 유통 마케팅의 힘

한 권으로 배우는 대한민국 유통 마케팅의 모든 것!

상품이 만들어져 소비자에게 오기까지는 많은 사람의 수고가 필요하다. 그러나 중간에서 징검다리 역할을 해주는 유통업자가 없다면 이 사회는 제대로 돌아가지 못한다. 소비문화가 제대로 정착되려면 유통 시장을 전체적으로 확실하게 이해하는 사람이 있어야 한다. 이 책에는 저자가 20여 년간 유통업계 현장에서 발로 뛰며 얻은 소중한 경험을 담았다. 다방면에 걸친 유통 영업의 노하우, 유통 마케팅 비법뿐 아니라 유통시장의 전체적인 틀을 제시하였다. 공공기관 입찰에 필요한 나라장터 사용법은 물론 직접 거래해보지 않으면 알 수 없는 유통사별 상품 제안서 사용법까지 다양하게 소개하고 있다.

양승식 지음 | 344쪽 | 4×6배판 | 값 20,000원

거대한 기회

창조 지능 리더십을 선사할 '거대한 기회'를 잡아라!

세상이 짧은 시간에 급격하게 변하고 있다. 난공불락의 요새도 없고 절대적 강자도 없다. 이러한 시대에 살아남으려면 유연하게 변화하고 창조해야 한다. 현대의 리더는 변화의 큰 흐름을 읽고 거기서 기회를 포착해야 한다. 불꽃이 아니라 불길을 보아야 하고, 물결이 아니라 물살을 보아야 한다. 이 책은 리더들에게 시대의 흐름을 한눈에 보여주고자 불확실한 미래에 접근하는 방법을 다양하게 제시하고 있다. 남보다 더 넓게 보는 안목을 키우고 패러다임을 자기만의 방식으로 삶과 비즈니스에 접목함으로써 더욱 큰 사회공동체와 인류공동체를 위해 공헌하는 창조의 마스터가 되어보자.

김종춘 지음 | 316쪽 | 신국판 | 값 18,500원

스타리치북스 출간도서

당신이 별처럼 빛날 수 있도록!

굿바이, 스트레스

만성피로 전문클리닉 이동환 원장의 속 시원한 처방전!

대부분의 사람들은 흔히 스트레스라고 하면 부정적인 인식이 앞서 '나쁜 스트레스'만 떠올린다. 많은 현대들이 과도한 스트레스 때문에 힘들어하고 심한 경우 신체 질병까지 얻게 된다. 하지만 우리가 보편적으로 인식하고 있는 스트레스의 부정적인 이미지와는 달리 적절한 스트레스는 오히려 삶에 동기부여를 해줄 뿐 아니라 자극제가 되기도 한다. 저자는 스트레스를 무조건 줄이라고 하지 않는다. 오히려 스트레스를 적절히 관리해서 성과와 연결하는 방법을 소개한다. 계속되는 스트레스에 매몰되어 헤매는 것이 아니라 긍정적인 마음의 근육을 키워 스트레스를 통해 새로운 에너지를 얻음으로써 성과까지 창출하는 비법을 배워보자.

이동환 지음 | 260쪽 | 4×6배판 | 값 18,000원

황태옥의 행복 콘서트
웃어라!

웃음 컨설턴트 황태옥의 행복 메시지, 세상을 향해 웃어라!

웃음 전도사로 유명한 저자가 지난 10년간 웃음으로 어떻게 인생을 다시 살게 되었는지 진솔하게 풀어낸 책이다. 암을 극복하고 웃음과 긍정 에너지로 달라진 그녀의 삶을 보면서 함께 변화를 추구한 주변 사람들의 사례는 물론 10년간의 삶의 흔적이 고스란히 담겨 있다. 독자들이 이 책을 읽고 삶을 업그레이드해 생활 속에서 행복 콘서트의 주인공이 될 수 있는 힘을 얻기를 희망한다. 또한 웃음을 통해 저자를 능가하는 변화된 삶을 살기를 바란다. "한 번 웃으면 한 번 젊어지고 한 번 화내면 한 번 늙는다(一笑一少一怒一老)"는 말이 있듯이 행복지수를 높여 삶을 춤추게 하고 싶다면 바로 지금 세상을 향해 웃어라!

황태옥 지음 | 260쪽 | 신국판 | 값 17,500원

논어로 리드하라

여성 리더로 성공을 꿈꾼다면 지금 당장 《논어》를 펼쳐라!

현대는 강하고 수직적인 남성적 리더십보다 감성적이고 관계지향적인 여성적 리더십을 요구하는 사회로 변화하고 있다. 이러한 변화를 입증하기라도 하듯 한국에서는 사상 최초로 여성 대통령이 탄생했다. 국제적으로는 미국 국무부장관 힐러리 클린턴, 세계적으로 영향력 있는 여성 방송인 오프라 윈프리, 독일의 메르켈 총리 등 수많은 여성 리더들이 있다. 따뜻한 리더십으로 무장한 여성 지도자들의 공통점은 인생에서 중요한 가치를 깨닫고 더 나은 자신이 되기 위해 철학책과 고전을 많이 읽으면서 내면을 수양했다는 것이다. 쉽게 풀어 쓴 논어를 가까이하여 더 많은 여성이 우리나라뿐 아니라 세계를 리드하기 바란다.

저우광위 지음 | 송은진 옮김 | 344쪽 | 신국판 | 값 18,000원

송경학 세무사에게
길을 묻다

생생한 현장 사례를 바탕으로 현명한 세무 전략을 세워라!

중소·중견기업 CEO와 자산가들은 '세금'만 생각하면 머리가 지끈거린다. CEO의 필수 덕목이라는 재무구조 개선과 인력 관리, 기업 문화 창출, 재충전이라는 말은 중소·중견기업을 경영하는 CEO에게는 딴 세상 이야기다. 이 책은 CEO와 자산가들의 가장 큰 고민거리인 세금에 대한 이해를 높여주고 다양한 절세 노하우를 알려준다. 또한 저자 송경학 세무사가 경험한 생생한 현장 사례와 상황에 따른 세무 전략을 제시하고 있다. 회사운영, 자산취득, 가업승계 등과 관련된 다양한 문제와 이에 대한 해결책을 통해 기업 CEO와 자산가들이 현재 자신의 상황에서 가장 적절한 자산관리, 가업승계 노하우를 찾도록 도와준다.

송경학 지음 | 274쪽 | 신국판 | 값 20,000원

www.facebook.com/starrichbooks

어둠의 딸, 태양 앞에 서다

초라한 들러리였던 삶을 행복한 주인공의 삶으로!

세계적인 베스트셀러 《시크릿》의 주인공 밥 프록터의 유일한 한국인 제자인 조성희의 첫 번째 에세이집. 스스로 어둠의 딸이었다고 할 정도로 어려운 환경에서 마인드 교육을 통해 변화한 저자의 진솔한 이야기가 담겨 있다. '어둠'을 '얻음'으로 역전시키는 그녀만의 마인드 파워는 고뇌에 찬 결단과 과감한 도전정신으로 만들어낸 선물이다. 누구나 생각하는 대로 인생을 멋지게 살 수 있다. 어떻게 목표를 세우고, 어떤 생각을 하고, 무슨 꿈을 꾸느냐에 따라 인생은 달라진다. 꿈이 없어 짙은 어둠의 터널 속에서 절망을 먹고사는 사람들뿐만 아니라 심장이 뛰는 새로운 돌파구를 찾으려는 모든 사람에게 중독될 수밖에 없는 필독서다.

조성희 지음 | 404쪽 | 신국판 | 값 18,900원

니들이 결혼을 알아?

결혼이라는 바다엔 수영을 배운 후 뛰어들어라!

결혼은 액션이다! 아무런 행동도 하지 않고 막연히 앉아서 행복하길 기다리는 사람들의 결혼은 그 자체로 불행한 일이다. 이 책은 이병준 심리상담학 박사와 그의 아내이자 참행복교육원에서 활동하고 있는 공동 저자 박희진 실장이 상담현장에서 접한 생생한 사례를 토대로 하고 있다. 기혼자들과 결혼 판타지에 빠진 청춘에게 '꼭 해주고 싶은 말'을 읽기 쉬운 스토리 형식으로 담았다. 대부분 경고 수준의 문구지만 결혼식 준비는 철저하게 하면서 결혼준비는 소홀히 하는 이들에게 결혼의 중요성을 일깨워준다. 늘 머리에 '살아? 말아?'를 넣어두고 살아가는 이들에게 '까짓 살아보지 뭐!' 라며 툴툴 털고 일어서게 하는 힘을 줄 것이다.

이병준 · 박희진 지음 | 380쪽 | 신국판 | 값 18,000원

화웨이의 위대한 늑대문화

화웨이의 놀라운 성공신화! 그 중심에 늑대문화가 있다!

지난 20여 년간 화웨이가 성공할 수 있었던 비결은 도대체 무엇일까? 어떻게 해서 계속 성공을 복제할 수 있었을까? 화웨이의 다음 행보는 무엇일까? 화웨이의 68세 상업사상가, 마흔을 넘긴 기업 전략가 10여 명, 2040세대 중심의 중간 관리자, 10여만 명에 달하는 2030세대 고급 엘리트와 지식인이 주축이 된 지식형 대군이 전 세계를 누빈다. 전통적인 기업 관리 이론과 경험은 대부분 비지식형 노동자 관리에서 비롯했다. 이제 인터넷 문화 확산이라는 심각한 도전 앞에서 지식형 노동자의 관리 이론과 방법이 필요하다. 이를 꿰뚫은 런정페이의 기업 관리 철학은 당대 관리학의 발전에 크게 이바지했다.

텐타오, 우춘보 지음 | 이지은 옮김 | 452쪽 | 4×6배판 | 값 20,000원

잘못된 치아관리가 내 몸을 망친다

치과의사가 알려주는 치아 상식과 치과 치료의 오해와 진실!

치아는 잠자리에서 일어나는 아침부터 잠자리에 드는 저녁까지 모든 음식을 맛보는 즐거움을 우리에게 선사한다. 오복의 한 가지라 할만큼 치아건강은 인간의 행복에 큰 영향을 미친다. 이 책에서 치과의사인 저자는 일상생활에서 지켜야 할 치아 건강 관리법은 물론 상세한 치과 진료 과정, 치과 진료에서 궁금했던 점을 들려준다. 또한 잘못된 치아관리가 내 몸을 망칠 수 있으므로 제대로 알고 제대로 치료해야 건강한 치아를 간직할 수 있다고 강조한다. 이 책에는 치아전문 일러스트레이터들이 그린 생생한 일러스트를 실어 치료 과정을 쉽게 이해할 수 있도록 했다. 다양한 증상에 어떻게 대처해야 하는지 알려주는 유용한 책이다.

윤종일 지음 | 312쪽 | 4×6배판 | 값 20,000원

스타리치북스 출간도서

당신이 별처럼 빛날 수 있도록!

성과를 지배하는
바인더의 힘

남과 다른 성공을 꿈꾼다면 삶을 기록하라!

프로가 되려면 성과가 있어야 하고, 성과를 내려면 프로세스를 강화해야 한다. '시스템'과 '훈련'을 동시에 만족하게 해주는 탁월한 자기관리 시스템 다이어리 3P 바인더의 비밀을 전격 공개한다. 바인더는 훌륭한 개인 시스템이자 조직 시스템이다. 모든 조직원이 바인더를 사용한다면 정보와 노하우를 손쉽게 공유할 수 있다. 바인더와 책, 세미나를 통해 기적 같은 변화를 체험한 많은 사람의 실제 사례를 소개하여 바인더를 좀 더 활용하기 쉽게 만들었다. 저자는 20여 년간 500여 권의 서브바인더를 만들면서 기록관리, 목표관리, 시간관리, 업무관리, 지식관리, 독서경영 등을 실천함으로써 성과를 지배해온 스페셜리스트다.

강규형 지음 | 신국판 | 342쪽 | 값 20,000원

위대한 개츠비

20세기 영미문학 최고의 걸작!

1974년에 이어 2013년 또다시 영화화되어 화제를 불러일으켰던 《위대한 개츠비》는 미국인이 가장 좋아하는 대표적 소설이다. 작품 배경이 되는 시기는 제1차 세계대전 직후, 이른바 '재즈 시대'라고 불리는 1920년대다. 급격한 산업화와 전쟁의 승리로 풍요로워진 시대에 전쟁의 참화를 직간접적으로 경험한 젊은이들의 다양한 삶의 모습을 매우 섬세한 필치로 풀어낸 작품이다. 소설 속 주인공 개츠비는 젊은 시절의 순수한 사랑을 이루려고 자신을 내던진다. 아메리칸 드림을 이룬 그의 머릿속에는 부의 유혹에 넘어간 사랑하는 여인 데이지를 되찾으려는 생각밖에 없다. 그러나 현실은 그의 꿈을 용납하지 않는데….

F. 스콧 피츠제럴드 지음 | 표상우 옮김 | 4×6판 | 316쪽 | 값 12,000원

가 치 있 는 책 은 세 상 을 빛 나 게 한 다

좋은 책을 만드는 스타리치북스

스타리치북스는 기업 및 병의원 컨설팅 전문 그룹 스타리치 어드바이저의 계열사로
경제·경영, 자기계발, 문학서적 등을 출판하는 종합 출판사입니다.
또한, 기업 경영 및 성과관리에 도움이 되는 전문 강사진을 통하여
CEO포럼 및 기업 교육 프로그램을 제공하고 있습니다.

StarRich Books | 서울특별시 강남구 강남대로62길 3 한진빌딩 3~8층 전화 02-2051-8477 팩스 02-578-8470 www.starrich.co.kr

스타리치 어드바이져는
기업을 위한 최상의 플랫폼을 제공합니다!

1 **전문가 자문 그룹 지원**
   세무사 / 회계사 / 변호사 / 노무사 / 법인 현장 실무 전문가 / 교육 전문가

2 **조세일보 기업지원센터 운영**
   기업의 성장과 연속성을 위한 컨설팅 전문 조세일보 기업지원센터 설립

3 **CEO 포럼 개최**
   기업의 성장과 연속성을 위한 CEO 포럼 개최

4 **좋은 책을 만드는 스타리치북스 출판사**
   스타리치 어드바이져의 계열사로, 경제·경영, 자기계발, 문학서적 등을 출판하는 종합 출판사

5 **100년 기업을 위한 CEO의 경영 철학 계승 전략, CEO 기업가 정신 플랜**
   기업의 DNA와 핵심가치를 유지하는 질적 성장의 힘! 세상을 움직이는 리더십, 자서전은 또 다른 이름의 리더십!

 StarRich Advisor / StarRich Books 서울 강남구 강남대로62길 3 한진빌딩 3~8층 전화 02-2051-8477 팩스 02-578-8470 www.starrich.co.kr

www.starrich.co.kr

기업 컨설팅 전문 그룹 스타리치 어드바이져

CEO FORUM

기업 컨설팅 전문 그룹 스타리치 어드바이져 & 스타리치북스가
CEO 포럼을 운영합니다.
기업에 도움이 되는 실질적인 강의를 마련하여 초대하고자 하오니
꼭 참석하시어 새로운 도약의 기회를 잡으시길 바랍니다.

기업의 성장과 연속성을 위한
〈스타리치 CEO 포럼〉이 찾아갑니다

 StarRich Advisor / StarRich Books

문의 | 스타리치 어드바이져 경영 지원실 대표전화 | 02-2051-8477 / 서울특별시 강남구 강남대로62길 3 한진빌딩 3~8층

100년 기업을 위한 CEO의 경영 철학 계승 전략
CEO 기업가 정신 플랜

― 자서전 · 전문서적 · 자기계발서 · 사사 등 ―

문의) 스타리치 어드바이저 & 북스 02) 6969-8903 / starrichbooks@starrich.co.kr

스타리치 잉글리시는 셀프스터디를 추구합니다!
전세계적으로 사랑받는 영어학습 교재와 세이펜이 만나 영어학습효과를 극대화합니다!

스타리치 잉글리시

세이펜으로 시간, 장소, 횟수의 제약 없이 혼자서도 학습할 수 있는
최고의 셀프스터디 잉글리시 강의교재!

STARRICH ENGLISH

 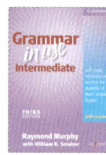  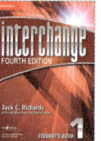 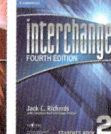

 StarRich Books 서울시 강남구 강남대로62길 3 한진빌딩 3층~8층 전화 02-6969-8903 www.starrichmall.co.kr

청소년부터 성인까지 자기주도학습이 가능한 셀프스터디의 최강자

SES
Self-study English with SAYPEN

한 달 학원비로 평생 강의 소장!
한 달 학원 수강료로 평생 무한 반복, 인원 제한 없이
온 가족 함께 학습 가능!

어학 연수 프로그램, SES!
SES와 함께라면 누구나, 언제 어디서나 캠브리지 어학 연수 중!

문법, 회화, 발음, 프리토킹!
SES 하나로 문법부터 프리토킹까지, 영어 스트레스에서 탈출!

SES 강의 기획만 6년!
캠브리지 대학 출판사의 800년 전통에 6년간의
세이펜 강의 기획으로 탄생!

캠브리지가 인정한 강의! 발음! 해석까지! 대한민국 첫 출시 작품!

   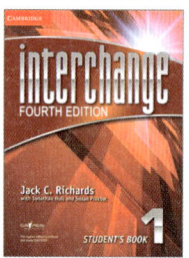 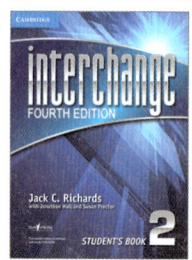

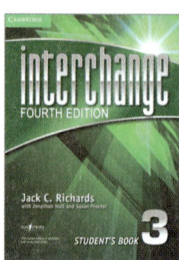   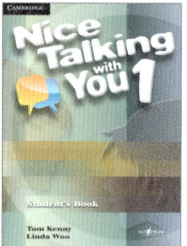 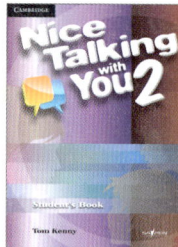

SES에 대한 자세한 정보 및 구매는 스타리치몰(www.starrichmall.co.kr)에서 도움을 받을 수 있습니다.

StarRich Books 서울시 강남구 강남대로62길 3 한진빌딩 3층~8층 전화 02-6969-8903 www.starrichmall.co.kr

더 다양하고 풍성해진
English Monster 시즌3

오감만족 놀이형 영어교육
쉽게! 재미있게! 영어를 배우는 내 아이 맞춤형 영어 전집

탄탄한 커리큘럼
말하기, 듣기, 읽기, 쓰기! 네 가지 영역을 고루 갖춘 커리큘럼

친절한 엄마표 홈스쿨링
영어 전집 사상 첫 홈스쿨링 동영상 및 교육자료 모두 무료 제공

Set1 Alphabet Storybook

알파벳 스토리북 26권
동영상 DVD 1장
영단어 양면 플래시 카드 100장
알파벳 노래 목걸이 1개

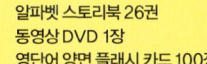
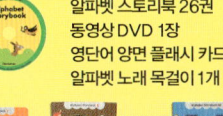

Set2 Picture Book

주제별 그림놀이책 12권
액티비티북 12권
스티커북 1권
멀티미디어 하이브리드 CD 3장

Set3 Mother Goose

노래책 12권
동영상 DVD 1장
마더구스 노래 목걸이 1개

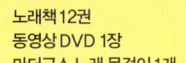

Set4 Talking Book

토킹북 30권
멀티미디어 하이브리드 CD 3장

스타리치 잉글리시(www.starrichenglish.co.kr) 회원으로 가입하시면 잉글리시몬스터에 대한 정보와 다양한 혜택을 이용하실 수 있습니다.

StarRich Books 서울시 강남구 강남대로62길 3 한진빌딩 3층~8층 전화 02-6969-8903 www.starrichmall.co.kr

스타리치 잉글리시가 추천하는
옥스퍼드 시리즈

500년 전통 옥스퍼드 대학 출판부의 영어 학습책!

송버드 파닉스
영어 학습 교재 부문 최우수 선정 (캠브리지 대학 프라이머리 국제평가)

스냅드래곤
세계적인 일러스트 작가들의 아름다운 삽화가 실린 리얼 픽쳐 리더스 북!

Parent's Guide Book이 포함되어 있어 부모의 영어 교육 부담과 걱정이 줄어듭니다!

3세부터 11세까지 단계별 언어성장이 가능한 옥스퍼드 리딩 시리즈!

파닉스로 시작하고 리더스로 끝내는
읽기 프로그램으로
우리아이 첫 영어 시작하세요!

스타리치몰(www.starrichmall.co.kr)에서 스타리치 패밀리 회원으로 가입하시면 송버드 파닉스·스냅드래곤에 대한 정보와 다양한 혜택을 이용하실 수 있습니다.

StarRich Books 서울시 강남구 강남대로62길 3 한진빌딩 3층~8층 전화 02-6969-8903 www.starrichmall.co.kr

옥스퍼드 와이즈 픽쳐북

세이펜으로 만나는 세계 최고의 영어그림책

명품 감성 그림동화 컬렉션!

고급영어와 표준영어를 공부하는 세계의 어린이들을 위해
옥스퍼드 대학 교수진이 직접 엄선한 세계적인 유명 그림책!

Parent's Guide Book이 포함되어 있어 부모의 영어 교육 부담과 걱정이 줄어듭니다!

본 구성 (총 93종) : 본권 71권 + 레코딩북 7권
+ 플레이 스티커 4장 + 포켓북 7권 + 말하는 사전 3권

세이펜 적용!

스타리치몰(www.starrichmall.co.kr)에서 스타리치 패밀리 회원으로 가입하시면 와이즈 픽쳐북에 대한 정보와 다양한 혜택을 이용하실 수 있습니다.

StarRich Books 서울시 강남구 강남대로62길 3 한진빌딩 3층~8층 전화 02-6969-8903 www.starrichmall.co.kr

보내는 사람

□□□-□□□

우편요금
수취인 후납 부담
발송유효기간
2014.12.3~2016.12.3
서울 강남우체국
제14617호

사용시 강남구 강남대로62길 3 문지빌딩 5층
(주)스타리치 어드바이저 & 북스 담당자 앞
135-937

StarRich Advisor / StarRich Books

풀칠 하는 곳

준비 안 된 창업 절대 하지 마라!

글로벌다이닝그룹 이준혁 대표가 알려주는
외식 창업의 모든 것!

큰돈을 버는 수단으로
창업을 바라보는 것이 아니라
즐기면서 고객과 함께 성장한다는 생각으로
장기적인 레이스를 펼쳐야 한다!

이준혁 지음 | 268쪽 | 신국판 | 값 18,000원

StarRich Advisor / StarRich Books

스타리치 패밀리 회원이란?

하나의 아이디로 스타리치에서 운영하는 사이트(스타리치 어드바이져, 스타리치북스, 스타리치몰, 스타리치 잉글리시 등)와의 모든 거래 및 서비스 이용을 편리하고 안전하게 사용할 수 있는 스타리치 통합 회원제 서비스입니다.

스타리치 패밀리 회원 혜택

- 스타리치몰에서 사용 가능한 적립 포인트(도서 정가의 5%) 제공
- 스타리치북스에서 주최하는 북콘서트 사전 초대
- 스타리치북스 신간 도서 메일 서비스 제공
- 스타리치 어드바이져/북스에서 주최하는 포럼 및 세미나 정보 제공
- 스타리치 어드바이져에서 제공하는 재무 관련 정보 제공

스타리치 패밀리 회원 등록 기존 스타리치 패밀리 회원일 경우 등록된 ID를 기재 부탁드립니다.

이름	연락처
주소	생년월일
이메일 주소	구매 도서명 대한민국 창업자를 위한 외식업 컨설팅
패밀리 회원 ID	소속(회사/학교)

사용하실 패밀리 회원 ID를 적어주시면 임시 비밀번호를 문자로 발송해드립니다.

---- 접는 선 ----

개인정보 사용 동의서

스타리치 패밀리 홈페이지는 수집한 개인정보를 다음의 목적을 위해 활용합니다. 이용자가 제공한 모든 정보는 하기 목적에 필요한 용도 이외로는 사용되지 않으며, 이용 목적이 변경될 시에는 사전동의를 구할 것입니다.

1) 회원관리
① 회원제 서비스 이용 및 제한적 본인 확인제에 따른 본인확인, 개인 식별
② 불량회원의 부정 이용방지와 비인가 사용방지
③ 가입의사 확인, 가입 및 가입횟수 제한
④ 분쟁 조정을 위한 기록보존, 불만처리 등 민원처리, 고지사항 전달

2) 신규 서비스 개발 및 마케팅·광고에의 활용
① 신규 서비스 개발 및 맞춤 서비스 제공
② 통계학적 특성에 따른 서비스 제공 및 광고 게재, 서비스의 유효성 확인
③ 이벤트 및 광고성 정보 제공 및 참여기회 제공
④ 접속빈도 파악 등에 대한 통계

상위 내용에 동의합니다.

년   월   일   서명 _____ (인)

스타리치 패밀리 회원 비밀번호 변경은 www.starrichmall.co.kr에서 하실 수 있습니다.
엽서를 보내주시는 분들에 한하여 스타리치몰에서 사용 가능한 포인트(도서 정가의 5%)를 지급해 드립니다.
앞으로 더욱 다양한 혜택을 드리고자 노력하는 스타리치가 되겠습니다. 문의 02-6969-8903 starrichbooks@starrich.co.kr